U0923635

若无所牵系，更何所恋念？

大家讲述

家住苏州

叶圣陶 著
商金林 编

上海三联书店

前言

这本《家住苏州》，是出版社陈雪春女士和濮敏伟先生约我选编的。书稿选自圣陶先生的文章、书信和日记，很多内容是首次公开发表，读者一定会感到很新鲜。

圣陶先生诞生于苏州城内悬桥巷一个平民家庭，父亲叶钟济（字伯仁）职业是账房，为一位姓吴的地主家管理田租，苏州称这种职业叫“知数”。母亲朱氏料理家务。圣陶先生在《略述我的健康情况》一文中介绍说：

> 我母亲是我父亲的第二位续弦，生我的那一年，我母亲三十岁，我父亲四十七岁了。我生后第三年又生了妹妹，再过四年生了第二个妹妹。大妹妹十三岁时病故。

叶钟济晚年得子，望子成龙之心犹为急切。圣陶先生三岁时就开始识字，写描红纸，到 1900 年进私塾时，识字已有三千左右，字也写得秀丽。进私塾之后，父亲对他的要求更严了，每天都督促他温书、背书，还立过“（背书）弗熟不得进膳”的家规。与此同时，叶钟济受到“不识字好过，不识人难过”等世俗观念的影响，在敦促爱子熟读圣贤书的同时，又注重引导他去熟悉社会，认识社会上的种种人和事。富家子弟整日关在书房里念书，除了给“先生”“老伯”拜年或到“郎中”家里看病，是从不作兴出大门的。圣陶先生则从小就跟着父亲到酒肆喝酒，到书场听书，到亲戚朋友家拜年、贺寿、听昆曲、吃喜酒，清明节到乡下上祖坟，秋天到乡下看收租子，甚至帮助他料理收租。他回忆说：

> 我从七八岁的时候起，私塾里放了学，常常跟父亲去“听书”。到十三岁进了学校才间断，这几年听的“书”真不少。“小书”像《珍珠塔》《描金凤》《三笑》《文武香球》，大书像《三国志》《金台传》《水浒》《英烈》，都不止听了一遍，最多的到三四遍。（叶圣陶《说书》）

> 我幼年常“听书”，历十几年之久，当年的名家，现在记得的有王效松、叶声扬、谢品泉、谢少康、王绶松、魏钰卿、朱耀庭、朱耀笙、薛筱卿等人，二十岁以后就不听了。（作者于1985年3月14日访圣陶先生）

> 我从八九岁时就开始喝绍兴酒。当时我父亲每天傍晚到

玄妙观前街老万全酒店喝酒，我从书塾里放学出来常常跟着去。他规定喝十二两，我喝四两，合起来是一斤。（叶圣陶《略述我的健康情况》）

这些特殊的经历，使圣陶先生从小就受到苏州文化的熏陶，看到苏州社会的人间百态。

圣陶先生生活的那个年代，正是中华民族风雨飘摇的年代，也是中华民族日益觉醒的年代。他出生那年，1894 年甲午之战，败于日本；1895 年，清政府割地赔款，与日本讲和；1896 年，清政府与沙俄签订《中俄密约》，沙俄逐步控制了我东北三省；1897 年，德国占领胶州湾；1898 年，英国租占威海卫，清廷发生戊戌政变；1899 年，法国占领广州湾；1901 年，清政府与英、美、俄、德、日、奥、法、意、西、荷、比十一国代表订约赔款讲和……庸懦腐朽的清朝统治着的中国到了 19 世纪末，承受不住列强帝国的包围侵略，摇摇欲坠了！

社会存在决定人们的意识，尤其是敏感而猛进的青年，面对满目疮痍的江河大地，内心只有一股爱国狂热。1906 年春，圣陶先生考入长元吴公立高等小学堂，教师有苏州留日归来的章伯寅、朱遂颖等。他回忆说："我上小学的时候，列强瓜分中国的局势已经摆开。章伯寅先生教育我们说："地不离人，人不离事。欲论人事，必先知地理，要爱国就得先爱乡土，晓得乡土的山川史地、名人伟业；要爱国就得先晓得我国的自然地理、历代英杰。"这番话对圣陶先生的影响很深。直到 1982 年秋圣陶先生还跟我说过："我受两位先生（章伯寅、朱遂颖）的教育只有一年，可是得益极大，一辈子受用。他们谢世已久，我永远敬爱他们，忘不了他们。"

1907春，圣陶先生越级考入新创办的苏州公立第一中学堂（草桥中学）。草桥中学监督（校长）袁希洛是著名的革命家和教育家，国文教师胡石予是著名的诗人和文学家，国文教师孙伯南治经学及小篆，深谙金石、精于书法，在这几位名师的教诲和影响下，圣陶先生对"乡土"爱得更深，而"园林"就成了热爱"乡土"的课堂。圣陶先生说他从能走路开始，就跟着长辈们到各处园林游玩，进入小学和中学后游园的游兴更高。他在1983年7月写的《从〈扬州园林〉说起》中说："苏州最好最著名的园林拙政园、沧浪亭、怡园、留园、网师园，几乎可以说每棵树、每道廊、每座假山、每个亭子我都背得出来。"除了园林，去得最多的是茶馆。每逢礼拜天和节假日，圣陶先生总与章元善、顾颉刚、王伯祥等同窗好友或聚于园林，或集于茶馆，谈苏州的人物地理和民风习俗，谈"先天下之忧而忧，后天下之乐而乐"，谈"天下兴亡，匹夫有责"。

圣陶先生在写给王伯祥的诗中说："忆从丁未始，草桥忝随肩。讲舍纵谈笑，书林恣流连。城西丘壑美，时时陟翠颠。五岁倏尔逝，小成颇歆然。"又说："想童时，常与窗侣嬉游，踪迹遍山径楼廊汀岸。"在《题颉刚兄手录辛癸贻我书十五通》中说："幼岁同窗读，继之同校肄，共游玄妙观，徘徊旧书肆，共登西郭山，流连诸山翠，时与伯祥偕，三人盖同气。"在《题〈石湖棹歌百首〉稿本》中说："因诵斯编忆幼年，嬉春爱上上坟船。石湖[①]想象成沧海，柳坞桃村望若仙。中学时期三人行，石湖来去脚边程。桥头塔畔留珍忆，山色波光证友情。""一水溶溶似玉壶"，堪称江南绝境。圣陶先生把距离苏州市区十里之遥的石湖说成是"寻常"的"脚边路"，游览的兴致之高可见一斑。

江南风光好，青山秀水、烟霞泉石、亭台楼阁，为全国之最。徜徉其间，既领略到山川风物之美，观赏到灿烂的文化，又能目睹田夫野叟的耕作或舟行之劳，接触民众的日事生活，谙知民间乡土风情。当他触景生情，有了好的思绪，就把它记在随身带的纸头上，回家后再写入日记或诗集中，1913 年开始写小说的时候，这些见闻和记忆也就都成了创作的素材。1919 年，经过五四运动的洗礼之后，苏州社会诸如委靡不振的风气，就催促出了圣陶先生要改革社会、教育革命的热望，并付诸实践。随着社会的发展和现代中国革命的进程，圣陶先生对苏州的关注越来越多，不仅写了许多以苏州社会为背景的小说、散文和诗歌，还在 1926 年专门办了一份意在激励苏州社会改革的小报《苏州评论》。1937 年苏州沦陷前夕，圣陶先生举家入川，抗战胜利后回到上海，1949 年初"北上"，从此一直住在北京。但他对苏州的亲朋好友以及苏州的山山水水常念常新，利用旅游和视察的机会多次到苏州参观访问，走亲会友。最后一次回苏州是在 1977 年，这一年圣陶先生已是 83 岁高龄的老人了，像他这样热爱家乡、思念家

---

① 距苏州城区十余里，是太湖的一个内湾。

乡的人也真不多，所以这本《家住苏州》就显得很珍贵，是圣陶先生最诚实的自叙，也是苏州社会近百年来的一个侧影；是最真实的史料，也是最鲜活的文献，值得珍藏和玩赏。

商金林

2021年3月9日于北京大学肖家河教工住宅三区寓所

目录

前言

家住苏州 003

我家无田无屋无储蓄 003

做小孩的乐趣 006

在甪直教书 011

青石弄 017

小学生时代 025

私塾的回忆 025

1905 年考秀才 027

长元吴公立高等小学 032

苏州公立第一中学堂 039

先生所教学问七十年未用完 039

草桥校友的骄傲 061

变革中的苏州 077

“光复”前后 077

我所认识的苏州 097

“如在图画中”的苏州 105

园林大怡我情 105

“真像到了世外”的山水 139

在寺院听琴 156

苏式生活 163

“祭如在”的民俗 163

书场剧场 173

姑苏情味 189

无味之味令人心醉 189

绷架上的工艺 205

群英荟萃 213

回家 227

双塔

鸟瞰老苏州

家住苏州

我家无田无屋无储蓄

我的父亲母亲

我母亲[①]是我父亲[②]的第二位续弦，生我的那一年，我母亲三十岁，我父亲四十七岁了。我生后第三年又生了妹妹，再过四年生了第二个妹妹（叶绍铭）。大妹妹十三岁时病故。

《略述我的健康情况》

雨天屋漏雨

晨起即见细雨霏霏，况若深秋景象，心为之不快。早餐后读文法五页，继之抄《半兰诗》，至四句

---

① 母亲朱氏（1865—1961）料理家务。

② 父亲叶钟济（1848—1919）：字伯仁，职业是账房，为一位姓吴的地主家管理田租，月薪仅12元，苏州称这种职业叫“知数”。一些大户人家逢到婚嫁庆吊，总请他去帮着管账，事后会得到一点赏钱。

钟仅抄四页。斯时暴雨顿发，顷刻间庭中塞而水满，宛若小湖，如珠之雨滴点其上，做狂跳，愈落而愈大。屋漏水下溅，以盆受之，暂受此处，彼处又在一滴一滴而漏矣。书箱湿，书桌湿，移箱移桌为之大苦。直至一句多钟之久，始能少收雨势。少时则一角夕阳出楼头矣。

1911 年 7 月 11 日日记

荒年有“冻饿及身”之忧

我家无半亩田一间屋，又无数十金之储蓄，大人为人作嫁，亦仅敷衣食。今年水患，农田收租减色，又且征军饷于田亩。我家所入定致不敷。就目前观之，竟将致不能举火。大人日夜忧叹，谓将冻饿及身也。小子听之亦无限惶恐。噫，质库无物，告贷无方，不知何以过此年也。始以为贫非真病，今知贫之足以抑人已。

1911 年 11 月 27 日日记

颓废不堪的祖茔

晨起极早。今日为扫墓期故也。仰观天上微有乌云，既而渐渐雨矣。此时后门有叩门者，开而入之为伯南及王严士先生。先生诊大人已，谓湿犹至重，非令之至燥不可，乃用朴杰诸药。送先生去，余乃下船，偕者仅叔父一人，而同居潘氏三弟将往拜其外祖父之墓，墓与余家墓为邻，因亦结伴往舟。出葑门雨势更大，得句云“风雨孤舟拜墓门”，自谓殊顺溜也。中途而雨止，既而日出。余素惧舟，乃卧而观《佛学丛报》，乡村风景正是绝妙，余乃卧而过之。至墓道，瞻拜之后，巡视一周，见沿浜石岸皆已跌落水中，当年至巨之工程，今乃颓废不堪，寒门力薄，修理为难耳，为之嘻吁久之。久之归舟至行春桥，与三弟弃舟而陆，盖在舟中食饭，喉厌不能下咽，苟再乘舟，势必大吐也。陆行至爽，唯日光至烈，行既急，汗乃涔涔，下口又渴，不可得茶也。行两小时，即至于家，以热水洗面，乃觉大快。陆行果捷，叔乘舟归后，我侪至且一句半钟。

1913 年 4 月 5 日日记

晨起至早，即登舟出城，扫楞伽山下祖茔。吾素恶乘舟，携书数册，晕腾乃弗得，观余姊余妹亦有同病。唯余父观书自得，如在平地。盖非所惯习，则临之而疾，恐非独乘舟为然也。

吴臞庵《渡石湖》有句云：“天风咫尺吹吾舟，众山为我皆低头。”气概横溢，不可一世。吾过此湖，特撑眼起视，颇觉有此豪致。唯才思弥俭，难为继咏耳。

既至祖茔，祭拜以后，巡视四周，斫石之岸，半就圮颓。吾父诏我曰：此地兴工，在五十年以前。洪杨难起，吾家道中落，未能于祖宗所居时为修葺。对此堕石断岸，慨叹何已。

1914 年 4 月 7 日日记

晨起即登舟指顺湾扫墓。晕船癖性，迄未能除，低舱曲坐，百不自由。吾父携小说二册，取其一卧阅之，心有所注，遂忘所苦。

抵墓上，见临流石岸益就颓圮。守者刁顽，因其圮而潜携去之，非亟加修葺，数年后且无岸矣。然家贫力弱，难可遽兴工作也。薄暮返家。

1915年4月2日日记

做小孩的乐趣

"听书"

我从七八岁的时候起，私塾里放了学，常常跟父亲去"听书"。到十三岁进了学校才间断，这几年听的"书"真不少。"小书"像《珍珠塔》《描金凤》《三笑》《文武香球》，"大书"像《三国志》《金台传》《水浒》《英烈》，都不止听了一遍，最多的到三四遍。

《说书》

我幼时常"听书"，历十几年之久。当时的名家，现在记得有王效松、叶声扬、谢品泉、谢少泉、王绶卿、魏钰卿、朱耀庭、朱耀笙、薛筱卿等人。二十岁以后就不听了。

《听评弹小记》

喝绍兴酒

我从八九岁时就开始喝绍兴酒。当时我父亲每天傍晚到玄妙观前街老万全酒店喝酒，我从书塾里放学回来常常跟着去。他规定喝十二两，我喝四两，合起来是一斤。十三岁上进了高小，教修身课的是可敬的章伯寅先生，他讲喝酒有种种害处，我极信服，星期六回家向我父亲说喝酒有害处，我不喝了。我父亲不以为然。下一年考进了中学，不在学校寄宿了，有时跟着我父亲到老万全，又陪他喝四两了。戒酒只坚持了一年，真可谓没志气。中学同学也有能喝酒的，有时一块儿往酒店喝酒，我的量就不止四两，达到一斤的程度了。

《略述我的健康情况》

讽诵《唐诗三百首》和《白香词谱》

我对于文艺发生兴趣，现在回想起来，应该追溯到十二三岁的时候，在家里发现了一部《唐诗三百首》和一部《白香词谱》。拿在手里，就自己翻看，对于《唐诗三百首》中的乐府和绝句，《白香词谱》中的小令和中调，特别觉得新鲜有味。因为不是先生逼着读的，也就不做强记死背的工夫，只在翻开的时候，讽诵一番，再翻的时候，又讽诵一番而已。经籍、史籍、子籍中也有好文艺，如《诗经》《史记》和《庄子》我都不能领会，只觉得这些书是压在肩背上的沉重的负担。

《文艺写作经验谈》

嬉游山水园林

园林佳辑，已多年珍玩。拙政诸图寄深眷。想童时常与窗侣嬉游，踪迹遍山径楼廊汀岸。今秋[①]通简札，投甓清琼[②]，妙绘频贻抱惭看[③]。古趣写朱梅[④]，兰石清妍[⑤]，更风篠[⑥]、幽禽为伴。盼把晤、沧浪虎丘间，践雅约，兼聆造形精鉴。[⑦]

《洞仙歌　赠陈从周》[⑧]

---

① 陈从周与叶圣陶通信，始于1974年11月16日。圣陶先生是日日记："接陈从周信，并所画红梅一幅，系以高丽笺乾隆朱画之，颇不错。前平伯为陈代托写字，余书近作观《成昆铁路》影片之一律交平伯转与之，今则直接来函通问也。彼言希到甪直，知为余旧游之地。又言希望他日偕游苏州园林，彼固以研究园林布置著称者也。"

② 犹"抛砖引玉"。

③ 大意为常常画了很好的画送给我，我没有可以报答的，只好抱着惭愧的心情来欣赏。

④ 见"今秋"条注释。

⑤ 圣陶先生1974年11月26日记："陈从周来覆信，又赠余兰竹山石一小幅。书中云其纸为乾隆纸。此君殆好古有癖者。作覆谢之。"

⑥ 圣陶先生1974年12月3日记："今日又接陈从周赠鸟竹一小幅。"风篠：风吹细竹。宋薛季宣《子规恨》："风篠叩吾扉，有人来我语。"

⑦ 言践从周先生1974年11月16日函之约。把晤：把臂晤叙。沧浪：沧浪亭，在苏州市南三元坊附近，为江南现存历史最久的古园林之一。始建于五代末，北宋庆历间苏舜钦得此园，命名为沧浪亭，并作记。"沧浪虎丘间"，泛指苏州之园林。"聆造形精鉴"，大意为听从周先生对园林布置的精湛评论。

⑧ 圣陶先生1974年12月6日记："三日接陈从周赠画，其书中有希余赠与诗词之意。昨今构思，迄于傍晚而成《洞仙歌》一首。1979年2月6日写的《〈苏州园林〉序》中说："1956年，同济大学出版陈从周教授编撰的《苏州园林》，园林的照片多到195张，全都是艺术的精品：这可以说是建筑界和摄影界的一个创举。我函购了这本图册，工作余闲翻开来看看，老觉得新鲜有味，看一回是一回愉快的享受。"陈从周（1918—2000）：古建筑及园林专家，同济大学建筑系教授。

体面的应酬出门大都坐轿子

我小时候，苏州地方还没有人力车，代步的是轿子和船。一些墙门人家的女眷，即便要去的地方就在本城，出门总要依靠这两种交通工具。男人呢，为了比较体面的庆吊应酬出门大都坐轿子，往城外乡间去上坟访友大都坐船，平时出门，好在至多不过三四条巷，那就走走罢了。

《骑马》

时髦少年骑脚踏车

那时候已经通行了脚踏车，可是很少见。骑脚踏车的无非是教会里的外国人，以及到过上海得风气之先的时髦小伙子。偶然看见一个人骑着脚踏车在铺着小石块的路上经过，抖抖抖抖的似乎要把浑身的骨节都震得发酸，在几乎肩贴肩走着的两个人中间，只这么一闪就擦过去了。这使大家感到新奇，不免停了脚步回过头去望那好像只有一片的背影。

《骑马》

当作玩意儿的驴子和马

与脚踏车一样需要自己驾驭的，还有驴子和马。可是骑驴子和马，意义不纯在代步，把它当作玩意儿的居多。骑了驴子往玄妙观去吧，骑了马往虎丘去吧，并不为玄妙观和虎丘路远走不动，却在于借此题目尝一尝控纵驰骋的快乐。

一般人对于驴子和马，用两样的眼光来看待。驴子，那长耳朵的灰黑色的畜生，饲养它的只是借此为生的驴夫，一匹驴子又不值几个钱，所以大家不把它看作奢侈品。无论是谁，骑骑驴子，还不至于惹人非议。马，那昂然不群的畜生，可不同了，虽然多数的马也由马夫饲养，但是很有几个浮华的少爷、名门的败家子也养着马，所以大家都把马看作要不得的奢侈品。谁如果骑着马在路上经过，有些相识的人就不免窃窃私议，某人堕落了，他竟骑起马来了。这种想法，在别的事例上也常常可见。从前我们地方一些规矩人都不爱穿广东的拷绸，因为拷绸是所谓“流氓”之类惯用的衣料。马既是浮华的少爷名门的败家子的玩意儿，规矩的有教养的人当然不应该骑，这好像是很周密的推理。

《骑马》

中学生骑马的风尚

当时我们一班中学生可没有顾到这一层，一时高兴，竟兴起了骑马的风尚。原由是有一个同学在陆军小学呆过一年，他会骑马，把骑马的趣味说得天花乱坠，大家听得痒痒的，都想亲自试一试。刚好学校近旁有一片兵营里的校场，校场东边是一条宽阔的道路，两旁栽着柳树，正是试马的好所在。马夫养马的草棚又正在校场的西北角，花1角钱，就可以去牵一匹出来，骑它一个钟头。于是你也去试骑，我也去试骑，最盛的时候竟有二十多人同时玩这宗新鲜玩意儿。

《骑马》

在甪直教书

《甪直闲吟图》题记

余到甪直任教于吴县县立第五高等小学校，盖应同学兄吴宾若、王伯祥之招。时余在上海商务印书馆所设之尚公学校，二兄书来，谓往时意气相投，共事教育，必所乐愿。余遂辞尚公而就五高，于1917年春季开学前与二兄同舟到甪直。宾若任校长，伯祥与余皆任级任教员。二兄在校已几何时，不能详忆，唯至多不逾二年。

1907年春，苏州公立中学校（即以后共称为草桥中学者）创办招生，宾若、伯祥与余皆考取入学。入学之后又加甄别，其学业较优者为二年级，二兄与焉。迄1910年终，二兄毕五年之业，而以实际修业未足五年，不能取得“举人”资格，须留校补修一年乃可。故二兄与余同于1911年终毕业，其时清廷已覆，自无所谓“举人”资格矣。1912年，宾若任初等小学校校长，其校在阊门附近。伯祥就苏州宪兵营事，类似今之所谓秘书者。余任干将坊言子庙初等小学校级任教员。宾若改任五高校长不记在何年，唯记其到甪直即与伯祥偕。

五高在保圣寺大殿之西南侧，校门前偏左为坍废之天王殿。校之北大殿之西为鲁望祠，与校隔一墙，墙有门，启钥可入。大殿之东北为甪直初等小学校，校舍多于五高，运动场尤宽广。自天王殿南行数十步为山门，石柱尚在。山门外则市街，又数十步而至香花桥。余记其大概，藉见往时保圣寺占地之广。

五高男子部女子部各有一楼，不相连属。楼皆上下二室，男子部楼为四班之课堂。女子部楼为三班之课堂，余一室。男子部楼逾庭院而东为一敞厅，前不设门窗，两侧为办公室。举行全校大会皆在此敞厅，其时男女学生乃共处一堂。男子部楼与庭院之南有一屋，玻窗北向，五人居之。床皆贴南壁，自西而东，首宾若，次伯祥，次为余，次算学教员孙建平，次体操教员董志尧。书桌临窗，其序与床同。夜间点白瓷罩煤油桌灯二盏，当时已觉颇为明亮矣。

每日散学之后，家居本镇之教员各归其家。外来之五人则为共同生活，业务工作，业余闲遣，三餐一宿，皆聚处而不分。今姑回忆而杂记所谓业余闲遣者。夜谈多在室内，值月朗风清，则各携椅坐庭院中。晚餐时偶亦沽酒共酌，发起者做东，佐饮自必闲谈。宾若清谈娓娓，体贴人情入细，夙以善唱歌称，兴到则曼声低唱。伯祥最健谈，多说轶闻掌故，能以扬州方音唱郑板桥《渔樵耕读》道情，又能唱京戏若干出之片段，他人促之不休，则慷慨应承，引吭而歌。由今思之，二兄当时之声容犹宛在耳目间也。至于星期日或其他假日外出游散，则往往三人行，而孙董二君不与焉。吃茶于万象春，其肆虽简陋，而镇上所谓士绅者颇趋之，临河踞座，高谈阔论。饮酒于财源店，店在保圣寺山门外，财源为店主之名，其妻善治馔，鱼虾蔬菜皆可口，而索值不昂。有时至殷家听弹词，有时至某公所听昆曲。殷家者镇上之大族，英文教员殷康伯亦草桥同学，其族中常邀苏州说书人之来镇弹唱者每日下午到家说书一回，合族男女共听之。镇上人多嗜昆曲，其闲暇者集于某公所，延曲师教授拍曲，进而至于串演。尝见名曲师沈月泉教演《长生殿·小宴》唐明皇上场时所唱“天淡云闲”一曲，逐字逐句指点，目光宜如何俯仰顾盼，声情宜如何悠扬潇洒，可谓剖析入微。宾若之表兄沈伯安亦镇上士绅，于其老屋中筑小书斋，布置自出心裁，窗明几净，书画盆栽皆有雅致。我三人得暇辄往访，到则无所不谈，而伯安尤好谈美，“赏美”“伤美”常挂口头。镇外四五里有张陵山，名为山而无石，灌木自生，高树无多。假日晴明，我三人偶或一往，聊寄游山之意。而各村敬神演草台戏，亦尝往观数次。归来评论所见诸角色，伯祥之兴致最高。

余在中学时尝随同学刻印，以刀雕石，须留者留之，不须留者去之，是固人人所能为，无待求师。及抵甪直，睹某氏所藏之《文三桥印谱》，思欲仿效之，乃于业余时间复事奏刀，凡以印章石来嘱托者无不应。其时伯祥辄在旁谛视，商量于布局之先，评议于终刀之后，且出所有印章石俾余刻之，刻何字何语，做何形何式，多所授意，故为伯祥刻者特多。惜此事历一年即止，以后未复执刀，于治印一道终为门外汉耳。

伯祥家自苏州铁瓶巷迁居甪直约在1916或1917年，赁镇东陈氏大厅后之楼房上下六间。其处距五高三里许，到校有两途可循，一沿河岸而行，复折而南，一则曲折循田塍行，出眠牛泾即为保圣寺天王殿前之旷场，此较近捷。伯祥每晨到校恒当住校四人晨餐之时，傍晚放学，学生散尽，事务理毕，乃归其寓。偶然有兴，沽酒共夜饮，半酣而归，而余总觉视前岁稍稍寂寞矣。

1918年之秋，宾若受伤逝世，实为极大悲痛事。其受伤在昆山车站。甪直周围环水，必假舟楫乃达。自苏城搭航船而往，水程三十六里，需六小时，遇逆风或需八小时。乘火车抵昆山，自昆山搭船，则水程较短，时间较省。其时宾若以事返苏，事毕乘火车抵昆山，下车之时忽身陷月台与火车间，而火车犹未停住，车轮稍一转动，致腰部以下受压极重。嗣载回苏州，入齐门外西人所设医院治疗。其伤内部甚于外部，痛苦万状，其父母、二兄及夫人皆至惨恻，其仲兄致觉尝与医师恳商，可否毒而死之，俾免痛楚，医师却之，终于生力消竭而亡。余辈在校中固知宾若是日当来，而未到，疑之，越日乃得消息，如闻迅雷。尝往医院探视，宾若惨白之容颜，其夫人凄然之身影，至今犹能约略忆之。

继宾若任校长者为沈伯安，一切仍旧贯。1919年我父见背，我妻墨林育至善已逾周岁，伯安任墨林为女子部级任教员，于是我家于是年暑中迁居甪直。伯祥让出所赁屋之楼下三间俾我家居之。到校返寓，时或三人偕行焉。

厥后伯祥辞五高而就厦门集美学校教职，既而应北京大学之招赴北京，其家迁回苏城居因果巷，余今皆不能确记其年月。其家既迁，余家乃全占陈氏楼房之六间。

1921年暑假后，余亦辞五高而任教于吴淞中国公学中学部，初识朱佩弦兄，与共事。公学忽起风潮，余径返甪直。是冬佩弦在杭州浙江第一师范学校，其校一国文教员不知以何离去，佩弦招余补其缺。然余留杭甚暂，1922年2月下旬又到北京，任北京大学预科讲师。余初不欲就，适郑振铎兄送俄国盲诗人爱罗先珂到京，乃结伴同行，时则伯祥先在京中矣。寓所在大石作，同舍皆苏州人，吴缉熙兄携眷，照料诸人餐事。顾颉刚兄、潘介泉兄皆独居一室。余与伯祥共一室，夜同睡于砖炕。吴、潘二兄固初识，颉刚则交谊至深，余不足十岁时塾中之同窗，又小学中学之同学也。然余留京仅月余即请假南归，所任作文课伯祥慨允为代。南归之故为墨林将分娩，余须伴之到苏城就产科医生，4 月下旬生至美。至是墨林不复能任教，我家不复须居角直，遂于秋初迁回苏城，居大太平巷。

今年[①] 5 月 17 日余重访角直，距 1922 年 55 年。五高男子部之房屋全毁于抗战期间，女子部之楼尚在，老银杏数株亦尚在。鲁望祠原有水阁，前临斗鸭池，池已涸，水阁略无痕迹，唯通水阁之二小石桥尚存。罗汉陈列馆之前门仿寺院山门式。庭中列花木假山石，罗汉存九尊，或全或残缺，皆朝外，不若旧时分居大殿之两侧。旧时殿两侧高且广，塑山崖洞壑为背景，罗汉高下错落处其间。今罗汉位置亦尚高下错落，且保存其贴身之背景，然

---

① 即 1977 年 5 月，圣陶先生趁江南之行的便利，于 5 月 16 日重访角直。先生是日日记："由吴县供应一小汽轮，泊于南门，晨将八点启轮往角直。……宝带桥黄天荡金鸡潮吴淞江，旧时惯经之水程，彷佛记之。蟹簖渔舍，亦依然如昔。驶行不足三小时而抵角直。……镇上人聚观来客，桥头街上拥挤。保圣寺天王殿重建，陈吴县出土文物。陈列罗汉之堂在其后，不作佛殿形式，云是江小鹣所设计。罗汉本在两旁，今居正中。观玩形相姿态，恍如旧交。……当时之学生来恳切招呼者，有许倬、殷之盘、宋志诚、皇甫仲墀，又有叶德美以卧病致书相候，尚有漏记其姓名者。此辈皆七十以上人，唯一个为六十八岁。舟将返航，镇之领导人及旧时学生皆殷勤送至埠头，或登轮小坐，其情深可感。"

背景接合处不尽连贯，统观全部，其高与广犹不逮旧时之一壁也。询余所居陈氏之楼，云今为中学之宿舍，各乡学生就学者居之，欲往一观而未果。亦思重循当年到校返寓之途径，重观伯安当年之小书斋今复何若，皆以时促而罢。唯与当年之学生，与今时之小学生，与镇上之负责同志，与同往之吴县文教局诸同志，合影若干帧。当年之学生遇见者六七人，年皆七十以上，皆已退休，唯一人尚不足七十，望而识其貌记其名者三人，曰许倬，曰宋志诚，曰殷之盘。

越数日[①]作一诗记此行，录之于此：

五十五年复此程，淞波卅六[②]一轮轻。
应真古塑重经眼，[③]同学诸生尚记名。
斗鸭池看残迹在，[④]眠牛泾忆并肩行。[⑤]

---

① 由角直回到北京后，圣陶先生于6月8日写了一首诗。先生是日日记：“今日未写信，而作成诗三首。一首叙角直重访，二首言四古柏。”

② 苏城与角直两地相距三十六里，当年仅吴淞江水路可通。淞波：吴淞江。

③ 应真：即罗汉，以其能上应真道，故名。角直保圣寺有古塑罗汉，存九尊，相传为唐杨惠之所作。

④ 圣陶先生自注：“陆鲁望祠已毁，斗鸭池涸而通水阁之二石桥尚存。”陆鲁望：名龟蒙，晚唐诗人。

⑤ 圣陶先生自注：“曩与妻晨晚到校返寓，常循眠牛泾。”先生《〈角直闲吟图〉题记》又云：在角直时，赁镇东陈氏大厅后之跑马楼。“其处距五高三里许，到校有两途可循，一沿河岸而行，复折而南，一则曲折循田塍行，出眠牛泾即为保圣寺天王殿前之旷场，此较近捷。”

再来再来沸盈耳，无限殷勤送别情。

淞波谓吴淞江，自苏城到甪直经焉。吴淞江抵上海称苏州河，出外白渡桥入黄浦江。

《〈甪直闲吟图〉题记》

甪直高小国民学校宣言

溯自现象混沌，外交屈辱，爰有五四运动。乃政府横肆摧残，务拂民情，吾三校感此潮流，五中愤结。初以群众既为正当之表示，当局或有悔祸之良心，果肯改图，宁非国利？顾倒行逆施，曾不少悛，吾三校忍无可忍，于6月11日一致罢课，非特为对付日本之表示，作释放学生之要求，根本解决乃在满足民众之希望。标的既悬，誓必践之！

上海《时事新报》1919年6月16日

青石弄

“欲行焦土策，岂惜故园芜？”

（1937年）9月21日，我全家离开苏州。我在苏州住的是新造的四间小屋，讲究虽然说不上，但是还清爽，屋前种着十几棵树木，四时不断地有花叶可玩。

那天走出家屋，几时再回来是未可预料的，也许回来时屋已被炸被烧了，可是当时我自己省察，并没有什么依恋爱惜之感。我以为抗战要本钱，本钱就是各个人的牺牲。具有积极意义的牺牲就是所谓“有钱者出钱，有力者出力”。仅有消极意义的牺牲就是不惜放弃所有，甘愿与全国同胞共同忍受当前的艰苦。积极意义的牺牲，价值当然极大，但是消极意义的牺牲也并非无关紧要。一个人当情势危迫，不得不放弃所有的时候，假如想不通，看不破，硬是不肯放弃所有，那么汉奸心理就像病菌似的侵入他的灵魂了。所以能够做消极的牺牲，也算在抗战这一桩大事业上出了一份本钱，是心安理得的事。两个月前，丰子恺先生抄给我看他写的一首诗，那诗是答复友人作了诗来吊他的已毁的缘缘堂的。

寇至予当去，非从屈贯趋。
欲行焦土策，岂惜故园芜？
白骨齐山岳，朱殷染版图。
老夫家亦毁，惭赧庶几无。

丰先生所意的“惭赧庶几无”，大概正是我所说的做了消极意义的牺牲的意思。不过我在苏州的家屋至今没有毁。我并不因为它没有毁而感到欣喜。我希望它被我们的游击队的枪弹打得七穿八洞，我希望它被我们正规军队的大炮轰得尸骨无存，我甚至希望它被逃命无从的寇军烧得干干净净。

《抗战周年随笔》

湘春夜月[1]·忆家园榴花

短墙阴，一株还擢[2]琼英[3]。忍问[4]旧日清嘉[5]，犹未洗蛮腥[6]！巷角后庭闲唱[7]，又阖闾台[8]畔，尺八[9]箫声。料葶羞蕊赧[10]，虚廊悄对[11]，无限愁生。 东流逝水，西斜夜月，应诉

---

① 叶圣陶1941年6月1日日记："天仍酷热。竟日或坐或卧。思作一词，怀念家园，未竟。"6月3日日记："前日所作词，今日足成，即附寄之。"

② 还：仍如以前似的。擢：植物抽条发芽。夏侯湛《石榴赋》："滋玄根于夷壤兮，擢繁干于兰庭。"

③ 像玉那样光莹的石子。《诗经·齐风·著》："尚之以琼英乎而。"这里喻榴花。

④ "怎忍问""不忍问"之意。

⑤ 指苏州。晋陆机《吴趋行》："山泽多藏育，土风清且嘉。"清嘉遂成吴地之别名。

⑥ 犹言膻腥，异族的腥臭。杜甫《秦州见敕目薛璩毕曜迁官》："华夷相混合，宇宙一膻腥。"

⑦ 后庭闲唱即是杜牧《泊秦淮》中"商女不知亡国恨，隔江犹唱后庭花。"

⑧ 指姑苏台，又称胥台。《越绝书》："胥门外有九曲路，阖闾造以游姑苏之台。"

⑨ 《文献通考·竹之属》谓：箫长一尺八寸，故称尺八管。

⑩ 料：料想。赧：因羞愧而脸红貌。此承前二感意思：巷角唱《后庭花》者，不知亡国之恨；而痛感亡国之恨者，徒然托箫声以悲今悼古。料想石榴花亦因而感到羞愧。

⑪ 倒装，即"悄对虚廊"。悄：忧愁貌。虚廊：因主人离去而回廊空虚。

20 世纪初东吴大学

余情[①]。忆汝频年[②]，赢得是、带宽途远[③]，行复行行[④]。中原引

① 应诉余情即是应能诉说我怀念之情。以下各句均为说与石榴花听者。
② 汝：你，称石榴花。频年：一年又一年。
③ 带宽：腰带宽松，犹言日见消瘦。《乐府歌辞·古歌》：”离家日以远，衣带日趋缓。”
④《古诗十九首》：“行行重行行，与君生别离，相去万余里，各在天一涯。”

领[1]，但茫然、云失遥青[2]。有昔梦，尚开轩见汝，依前照眼[3]，邀我壶倾。

《叶圣陶集》

半醒闻水碾声以为火车旋悟其非[4]

半醒乍闻声辘辘，韵律谐和调急速。
念此当是夜车过，望齐门前虎丘麓[5]，
飙轮[6]势如不碾轨，西趋南京东沪渎[7]。
顿忆入蜀且四年，吾身宁在家园宿？
亦几[8]遗忘乘载便，唯睹喘息推独毂[9]，
摩托车病滑竿顽[10]，百里之行有頞蹙[11]。

---

① 中原：指沦陷区。引领：犹今言“伸长了脖子望”。
② 大意为但云蔽远山，茫然无所见。
③ “尚”和“依前”遥应篇首之“还”。
④ 圣陶先生1941年9月26日日记：“昨半夜醒来，闻碾声，以为在家园闻火车声，旋知其非。因思此诗料也。……灯下将诗足成，即缮寄与佩弦看之。”
⑤ 苏州城东北之城门，省称“齐门”；虎丘：在苏州城西北七里许。沪宁铁路在苏州城北经过。
⑥ 飞快如风的轮子，指火车。
⑦ 沪：上海。渎：水道，水沟。
⑧ 几乎。
⑨ 喘着气推独轮车，即鸡公车。
⑩ 摩托车实指汽车。滑竿：一种便轿，两根竹杠抬一竹片编成之软床。此句大意是汽车常机械失灵，滑竿又很慢。
⑪ 皱眉头。頞：鼻梁。蹙：收缩。《孟子·梁惠王》：“举疾首蹙頞。”

辘辘者何盖村舂，奔湍激碾碾新谷；
杜老曾咏雨外急[1]，繁声从知秋来熟。
此声虽好乱吾肠[2]，安得诚如吾思俶[3]，
朝来开窗面庭园，手栽一一娱心目！[4]

《叶圣陶集》

① 杜甫《村夜》有“村舂雨外急”句。
② 犹言扰乱我的情绪。
③ 俶：善也。承上句，大意为怎能真像我想的那样美，仍宿于家园。
④ 设想仍在家园宿之乐趣。大意为早晨推开窗，院子里手栽的花木一一使我赏心悦目。

甪直古镇

抗战爆发前在苏州青石弄的家

小学生时代

私塾的回忆

读书的次序

我小时候读私塾，先读《三字经》《千字文》，然后是《四书》《诗经》《易经》。都要读熟，都要在老师跟前背诵，背得出了，老师才教下去。每天还要理书，就是把先前背熟了的书轮替温理一部分，背给老师听。这样读书是怎么一回事呢？一是广泛地认字，二是学说古代的书面语言，那是跟任何地方的方言都不相同的一种语言。然后读《左传》，这才开始听老师讲。《左传》开头是“郑伯克段于鄢”，什么叫“克”，什么叫“于”，老师给讲成苏州方言，我明白了。

《大力研究语文教学　尽快改进语文教学》

报春草堂

余记幼时附读于悬桥巷陆氏，读书处曰报春草堂，堂前墙旁，植蝴蝶花颇多，其景如在目前。

1975 年 4 月 11 日日记

（第一时）先生上国文课讲欧阳永叔《李氏东园亭记》。篇中言幼时游此园之景象，与此时之景象变而大不同，叹年光之倏忽，踪迹之无常。余因而忆及六七岁时，陆氏住悬桥巷，余与其诸昆季同学宅中，有报春草堂及某亭某轩，庭中梅树数十株，杏李等亦多，解馆及课余，相与嬉戏其中。今宅为其族中卖出，彼家遂迁至萧家巷，且此宅亦屡易姓矣。不定人事，思之心呆。

1910 年 11 月 24 日日记

“弗熟而不得进膳”

幼时在塾中读书，便不甚聪敏。诗、易两种，最受其苦。大人于夜中督之，曾以弗熟而不得进膳。

1914 年 3 月 6 日日记

幼年习五经，背诵私塾之侧，均能上口，手掌未尝戒尺。

《十三经索引》

八九岁时“开笔”

我八九岁的时候，在书房里“开笔”，教师出的题目是《登高自卑说》。他提示道：“这应当说到为学方面去。”我依他吩咐，写了八十多字，末了说：“登高尚尔，而况于学乎。”就在“尔”

字、“乎”字旁边，吃了他的两个双圈。

《论写作教学》

1905 年考秀才

晚上 12 点前进考棚

从我家到贡院前，不过一里光景的路，是几条冷落的胡同；其中有一段两旁种着矮胖的桑树，有点儿郊野的意味。这一夜没有月亮，只见些疏疏的星；淡淡的青空整个儿发亮。树下的草丛中，那些“秋之歌者”细细碎碎、迷迷恋恋地歌唱着，繁复的声音合成一片，却冲不破这桑林的寂静。

提食篮和书箱进号舍

我手里提着个轻巧的竹篮，中间盛着两个马铃瓜、七八个馒头、一包火腿，还有些西瓜子、花生米、制橄榄之类，吃着消遣的东西。……

舅父提的是一个小小的书箱，里边盛着石印的《四书味根录》《五经备旨》《应试必读》《应试金针》《圣谕广训》一类的书，其余是纸笔墨盒等东西。这时候我读过的只有“四书”和“三经”（《尚书》和《礼记》没有读过，直到现在也不会读），所用的都是塾中通用的本子，在书箱里的这些书籍，实在连名目也弄不大清楚。只听叔父说：“这回考试开未有之例，入场时不搜检了，可以公然带书去翻。”他便从他的书架子上理出一些书来，说：“这几种书，合前回县府考带的，一并带了去吧。”于是婶母帮着我把这些书装在书箱里。我看看这样细小的字，这样紧密的行款，心想一定是很深很深的东西，至于怎样去翻，简直没有想到。

由舅父护送入场

舅父的另一只手拿着一顶红缨的纬帽，这也是叔父的。父亲叫我把那黄铜顶子旋去了，只留顶盘和竖起的一根顶柱。我把纬帽试戴时，帽沿齐着鼻子，前面上截的景物全看不见，头若向左右转动，帽子也廓落地旋转。父亲说：“反正只有入场的时光戴一戴，不妨将就些。”于是交由舅父拿着。在我们这地方，当舅父的有几种注定的任务，无论如何不能让与别人的，就是抱着外甥剃第一回的头，牵着外甥入塾拜老师，以及送外甥入场应试。这有什么样典故，我曾问过好几个长辈，他们都回答不上来；只说：“向来是这样的。”……

我跟着舅父走，像个梦游病者似的，不知不觉已进了贡院的大门。只见仪门之前黑压压地挤满了人，完全是背影，脖子都伸得很长，而且仿佛尽在那里伸长起来。挂着的红灯笼徐徐摇荡，烛光微弱，不免有点儿阴惨气象，靠东面的一盏又已经灭了。有一些不敢扬起的嘈嘈切切之声与鞋底擦地的声音，在其中有沉着而带颤的占着三拍的音响超出于众响之外，我因县试府试的经验，知道这是点名。点过一名，从人堆里迸出一声“有”，人堆就前后左右地挤动，同时又听见十分恭敬的一声“某某某保”。叔父曾经告诉我，大考时由廪生唱保，这一定就是了。

找到位置后点亮白蜡烛

跨进考棚，寻到第十二号的位置，就把两手的东西一齐搁在木板上，深深地透几口气。别的位置上都已坐着人，我也不去注意他们的面目与动作，只觉得四围有这许多人，而我搀杂在他们中间了。当桌子用的木板上点起一支支白蜡烛，火焰跳动且转侧，有几个人特别讲究，把白蜡烛插在玻璃灯中，那就稳定多了。我也从竹篮里取出重重包裹的白蜡烛，划着火柴，把它点起，就用烛油胶住在木板上。我于是就坐，于是占领了一个小世界。

学台宣示考题

约略听得，外面有些鼓吹之声与炮声，我淡淡地想：封门了。……这时候满棚的人忽然齐向甬道望，我也不自觉地跟着他们向甬道望，只看见一簇人，以急促且沉重的脚步涌向大堂那边去。听别人说，才知道学台坐了藤轿子进去了。停会儿，就有掮着白纸灯的几个人在甬道上慢步走过，灯上写的是题目。于是两廊下人影历乱起来，层层叠叠的头颅像蛆虫似的蠢动，同时起了一阵模糊的哄哄的声音。我的身子太低了，假若站在廊下，只能看见别人的背心，决没有看到那几盏灯的希望。我就爬上桌板，站直了，赶快把题目抄下，笔画歪斜，字体很大，竟写满了一张毛边纸。

中学生抓“冒籍”和“替代”

“那边有个冒籍！”突然听见这样一句响亮而含有命令意味的警告。我朝声音来的那方向看，就在我这间的廊下，站着个高大的人，眼珠很大，放出闪耀的光，脸上的肌肉仿佛全蕴蓄的精力，一只手支在柱子上，那样粗大的手指是我从来没有见过的。我觉得这个人很可怕，似乎在不知哪一所庙里见过的一个青年神像。

同舍的人互相告语说：“冒籍！杜天王又要起劲闹了。”有十来个人便离开坐位，聚集在廊下，一致急促地问：“在哪里？在哪里？”

我听见“杜天王”三个字，立刻知道他是什么人。这时候学堂已经办起来了，他是中学堂里的学生。试期将近的時候，学堂里特地牌示说，凡是学生不准应试。如有改名冒试，查出来立即斥退。这大概是这么个意思：每人只能走一条进取之路，若想兼走两条，便是取巧占便宜的办法，非禁止不可。可是杜天王不管这一套，更改名字报了名，到期就请假出来应试。像这样做的也不止他一个，他的好些同学以及县立小学堂里的一部分学生，都与他一样，想试走这第二条进取之路。

……

杜天王以凛然不可犯的神气，拍着那个人的背心说：“你什么？什么地方人？”

那个人的头俯得更低了，身躯似乎在那里缩拢来，像一只伏在猫儿前的老鼠。他只是不回答。

“快！快说！”一群人哄然喊出来。杜天王又把他的肩膀一拉，大家才看清他的转殷的紫色的脸，于是又喊：“快说！快说！任你装什么腔，没有用的！”

那个人愁苦的脸几乎要哭出来了，可是抵不住群众的威迫，终于很低微很模糊地回答了。我听不懂他说的什么，但能辨知那是异方口音。

“不对！”一个锐利的声音紧接着喊出来，随后潮水一般的“不对！”涌起来了。杜天王就在那个人背心上一拳，那个人又老鼠遇见了猫一般缩拢来。人群更为密集了，有的人贴着他的身躯，有的人高高站在桌板上，上上下下把他围住。我于是再也看不到他的影子，但是，可以听到连续的拳头着背的声音。

被打的默不作声，挥拳的也只是闷打，一时间转觉异常沉静，只有单调而不结实的屯屯的音响。

“他还有一本卷子呢！”一个略带哑音的人惊怪地喊，“啊，还有，不止一本！一、二、三、四、五，一共五本！他又姓陆，又姓倪，又姓叶，知道他到底姓什么！”

“岂有此理，既是冒籍，又是抢替！”

“应当把他打个半死，让他知道犯的什么罪！”

……

“他是冒籍！……又是抢替！……他共有六本卷子！……这该当什么罪名！”大家错杂地诉说，声音里含有示威的意味。接着一阵嚷嚷，有所顾忌的裁制力现在用不着了，所以特别响朗，仿佛觉得空气在那里膨胀开来。

不到一盏茶的工夫，人堆里又让出一条路来了。那个群众共弃的罪犯被夹在六七个书吏之间，目光注地，迷惘地走着，他的两手提着书篮、帽子之类，臂弯里挟着长衫。几本卷子由一个官拿着，那是重要的赃证。

《马铃瓜》

长元吴公立高等小学[①]

恩师章伯寅先生[②]

重庆前日遭空袭，公等见报，一定代为忧急。此次落弹虽至四五十枚，然“我方损失甚微”，距巴蜀均不近。最近之一处曰牛角沱，其地有生生花园，规制如上海冠生园农场，本月 2 日与（顾）颉刚、（章）元善、（周）勖成前往聚餐，为 1932 年前小学

---

① 叶圣陶小学同学章元善在《清末创办的苏州初等小学堂和公立高等小学堂：追思两则》一文中是这样描述的：“那时的‘公高’的门内门外好像是两个世界。门外是衰落的苏州，鸦片烟流毒与日俱深，人们萎靡不振，暮气沉沉，带有因循度日的气氛。‘公高’门内则是另一个世界，这儿人们个个精神饱满，朝气蓬勃，操场上的口号声、脚步声、哑铃声，以及上下课的钟声，课堂里的琴声、歌声、读书声，此起彼伏，热气腾腾。”（作者录于章元善先生手稿）

② 长元吴公立高等小学教师有苏州留日归来的章伯寅（授修身、历史、地理、音乐）；朱遂颖（授国文）；龚赓禹（授经学、博物）；杜安伯（授英文、算学）；罗树敏（授图画）；孙雨苍、赵至善（授体操）；管燮臣任事务。学校不设校长，由发起人王同愈、蒋炳章为校政总理，章伯寅、朱遂颖、龚赓禹三人负常务之责，章伯寅居首。

四友之会。……

小学四友之叙确是难得，近又多一位当时之老师，即章伯寅先生。明日拟再为一会，并邀章师，共叙旧事，定多乐趣。章因苏州潘某等拉彼同流合污[①]，为表其忠贞，只身远道来此，其高节至可钦敬。我四人有此老师，至足骄傲。弟向不善当众恭维人，但明日颇想敬宣此意焉。

1938 年 10 月 6、8 日致洗（范洗人）、丏（夏丏尊）、伯（王伯祥）、调（徐调孚）的信

……舟行无可记，五时半歇于洛碛，已进晚餐。偕小墨、三官等登岸，入镇，至国立女子师范。余谒章伯寅先生，小墨访其同学李杏宝，李在校中为训导员。伯寅先生精神仍矍铄，授余小册子若干份，叙其一生办教育经历者。坐半小时辞出，观洛碛市街，颇热闹[②]。

1945 年 12 月 29 日日记

① 苏州沦陷后，汉奸维持会胁迫章伯寅出山，要他做教育界归顺敌人的带头羊。为保持民族气节，章伯寅孤身一人，历尽艰辛来到重庆。叶圣陶特地写了短篇《我们的骄傲》。小说的主人公黄老师，原型就是章伯寅老先生。“我”的原型就是叶圣陶；戈君，是顾颉刚；孙君，是周勖成；邹君，是章元善。

② 叶至善《为了纪念〈叶圣陶短篇小说集〉前言》：“胜利后的那年年底，我们全家乘木船从重庆启碇东归，第二天傍晚停泊在洛碛，父亲爬上高坡去跟章（伯寅）老先生辞别。直等到星斗满天，才望见父亲拿着火把从坡顶拾级而下。父亲说章老先生定要送到江边，火把也是他老人家给买的。”（叶至善《我是编辑》，中国少年儿童出版社 1998 年版，第 442 页）

可敬的龚赓禹先生

幼年坐在书塾里念书，绝对无所谓运动。进了高小开始学跳绳，如今五六岁的孩子就能跳的各种花样，我在十三岁上才学会。还有拍皮球，开始拿到皮球也在那时候。高小的院子里搭起凉棚，阳光强烈时就展开卷着的芦席遮阳光。凉棚的支柱是四竿粗竹子，立在院子的四角。那四竿竹子成了十来个同学的运动工具，我也在内。只要双手握住竹子，身子往上一耸，两腿往上一提，夹住竹子，这样重复四五回，就可以爬上屋面了。上了屋面，谨慎小心地在瓦楞上走，从邻家楼房的窗户里窥看室内的情形，或者在屋脊上坐下，谈一阵天，乘一回凉，觉得样样新鲜，其味无穷。有一天傍晚，上屋的同学全下去了，只我一个落后，距离屋檐还有三四尺，忽然间管斋务的龚赓禹先生来了。他见我在屋上显得很惊慌，于是和婉地轻声说："好好下来。"待我下来之后，他只说往后别再上屋了，没说别的。后来我想，龚先生在这一刹那间，考虑得相当复杂，决定得颇为妥当，要是大声呵斥，很可能发生极坏的后果。龚先生也是一位可敬的老师。

《略述我的健康情况》

乘着夜色练习跳高

十一二岁的时候，在学堂里练习跳高，回家后似乎恐怕一夜的间歇会减低已达的高度，乘着夜色还没有十分浓厚，在屋内继续练习。木架子当然是没有，幸而所谓高度并不怎么高，一只凳子，上面再加一个面盆，就相仿佛了。于是两只凳子同两只面盆代替了木架子，上面搁着一根细竹竿，我就一回一回地跳着。也不管足跟顿在方砖地上不大舒服，也不管头颅有撞在门框上以及门限上的危险，只觉这室内就是学堂里的运动场了，我也有在运动场里一般的快乐。

《家》

踏莎行　和元善诗[1]

元善作诗，叙及幼时夏侯桥畔入学，
索颉刚与余和之，因填此阕。

丙午年时，夏侯侧畔。同窗三少今还健。卜居同在凤城东，
谈新话旧过从便。万紫千红，风光无限。赏春笼手良非愿。
相期老干发花枝，与春亦复增芳艳。

1978 年 1 月 12 日作

《叶圣陶集》第 8 卷

---

① 叶圣陶 1978 年 1 月 12 日日记：元善曾作一绝句，怀念幼年入公立小学情景，诗中提及当时校址在夏侯桥畔。颉刚与余皆同时入学，元善乃索二人和之。余言暂时和不出，而今日元善来书已将颉刚和诗附来。其诗殊不枯燥，录之于左方："夏侯桥畔草芊芊，垂辫儿童足迹连。那料蜩螗垂六纪，于今突度太平年。太平年，太平年，天安门外欢骈阗。上有七色怒放之花炮，下有万人歌舞之蹁跹。耳不暇听，目不暇接，有如庐山瀑布泻重泉。我辈三翁手相牵，眼眩心乐泪欲溅。回想当年垂辫时，宛如平地忽登仙。南望吴门旧学侣，凋零尽矣谁比肩！"

元善兄九十初度[①]

丙午同窗旋结姻，瞻前将及八旬春。

尽多诗兴羡君甚，犹有童真语我频。

祝嘏登堂携二子，看花来岁会三人。

定知此意邀深喜，兼为平公一预陈。

1981 年 9 月 28 日作

《叶圣陶集》第 8 卷

---

① 叶圣陶 1981 年 9 月 28 日日记：元善兄九十初度将届，平伯已有祝寿诗一律见示。昨今两日余亦觅句，今日成一律，写寄平伯请审改，然后定稿。今先书于左方："丙午同窗旋结姻，到今将及八旬春。尽多诗兴羡君甚，犹有童心语我频。祝嘏登堂携二子，看花来岁会三人。定知此意邀深喜，兼为平翁预一陈。"

"平伯为余修改，皆从之。第一句前四字改为'而今瞬及'。第四句'童心'改'髫情'，以按《左传》而言，'童心'非好言语。末句'预一陈'改为'一预陈'，'一'字移前则虚。"（十月初六记）

"平伯第二次改：次句改为'瞻前将及八旬春'。'髫情'改'童真'。'平翁'改'平公'。"（十月初八记）

叶圣陶 1981 年 9 月 29 日日记："上午偕至善、至诚携蛋糕往元善新迁之居祝寿。其居在复兴门外新建之高楼，配得二单元，共四间，房间殊不宽敞。以元善九十初度，子女咸来集，其一位妹子亦来。出余所作五古一首。又出一册页，相识或不相识者之祝寿诗画已将满册。又谈其尊人当年办小学堂之事，察元善之意，颇为健佳积极，为之深慰。坐一小时有余而后辞出。"

1905 年十二岁时的叶圣陶

日记封面

苏州公立第一中学堂

先生所教学问七十年未用完

监督（校长）袁希洛先生[①]

胡（胡石予）先生未来，袁先生代课讲法制，讲人民与臣民之分，云："臣民者，服从人之民，而人民之权利有不能尽享者也。吾人三百年来，代代做臣民，故亦习惯而不以为怪，然大有弊在。苟一旦人瓜分我，而心中生一同一为臣民之心，则完矣。必心中有一必为人民之心，苟有不令我为人民者，

① 草桥中学由清光绪甲午科举人蔡俊镛（云笙）等发起，获准开办后，蔡俊镛任第一任监督（校长）。第二年，蔡俊镛辞职，监督（校长）职务由铁路学堂监督龚子英暂行代理。半年后，蒋韶九到校任监督。1910 年，我国近代革命的先驱者、同盟会在江苏省的负责人、著名教育家袁希洛出任草桥中学第四任监督（校长）。袁希洛：原名傚畬，字素民，江苏宝山人，生于光绪二年，是清代末期的秀才，曾就读于上海龙门书院，后去日本留学，光绪三十二年在东京参加了孙中山的同盟会。

我仇之，我杀之；我人苟有一人在，则必不令人臣民我，如是方无负为人之天职也。”此段余以为精论，故志之。

1911 年 6 月 5 日日记

（晨）拜礼毕后，监督曾述其至简略之训话，大旨劝吾侪剪指爪去发辫也。盖此二者为我国之特点，颇超然自异于世界，而亦即我国物质野蛮之表显，毅然去之，固其宜也。如余者，指爪则自有生以来未曾留过，不自知觉，居然得比于文明之列；而此垂垂一条豚尾，不知何日得并州剪刀以割去之也。

1911 年 9 月 22 日日记

闻袁先生适自南京归。先生为参事会中江苏代表，现正议订宪法，异常忙碌。大致不日即去也。

1912 年 1 月 8 日日记

袁先生谓："近日议订宪法。有一般人专欲以种种特权加之总统。余竭力反对，盖以宪法中有数字之未当，同胞即永远受无量之亏也。”苦心争持，乃至吐血，若袁先生可谓为同胞出力者矣。又，一般人主张以某君为内阁总理，先生独不以为然，谓某君徒有所作为于文字之间，而未必能处实事也。旋有人举先生为教育部次长者，先生毅然不应，曰："余既知人之无才以为内阁总理，则能知人也，能知人者亦当知己，教育部次长余不胜其任，肯即因被人举而应之乎？”则先生干事既能尽其力，又不肯不量力，而强为其名较高者，先生诚可云人杰也。观其奔走筹算，于此两三月间鬓发蓬茸，面苍颜憔，顿增老态矣。

1912 年 1 月 9 日日记

（晨）怀兰来，谓袁先生昨自南京归，今日须进谒之。乃同之至校中，则先生外出未归，只得在校午膳。至四句钟（点钟的旧称）时才归，乃同怀兰入其室，道恳求事。先生谓："南京政府中殊无位置，且深不愿尔等之任此等事也。将来地方上举行之事必多，任此种事，尔等为宜。余如小学教师亦可也。"余又云："我等之势在急于得一位置，先生所言皆非即时者。"先生谓："即时之事实鲜。总之必代为想法也。"乃辞而出。

1912 年 1 月 24 日日记

晨至怀兰处，与之偕往校中。袁先生适自沪上来，因进谒之。先生谓："今晚将访吴讷士[①]先生之家，必为尔等竭力衬托也。"

1912 年 2 月 4 日日记

饭后至校中，企巩、蓉初适在，因与之闲谈。旋怀兰来，与之至观前，啜茗于新民小憩，则慰萱、笙亚、仲川、遹骏皆在。遹骏谓余诸人云："我父有言，今晚请君等至我家，以有语见告也。"茶散后先至校中小憩，封伯适来，为谈书画、文学等事甚

---

① 时苏州教育局学务科科长。

公立第一中学堂

伙，约有一句钟。五人随遹骏至其家时，讷士先生尚未归，乃小坐以待。天既夜矣，先生才归。接晤之后，知笙亚任高小英文，书玉任高小历史、地理，怀兰任高小图画，慰萱、中新及余任初等小学教员。余所教之学校在言子庙焉。岷原亦曾托讷士先生谋事，今亦得初小教员之职。是任初小者，同学中及余共四人，互相研究，或当可以少谋教育之进步也。

1912 年 2 月 6 日日记

（晨）达草桥母校，入之，阒无人。新治校园有菊秧数畦，芳兰一架，杂卉无数。袁俶畲先生癖花，此皆其手蓺也。

1914 年 4 月 5 日日记

教国文的胡石予先生[①]

清末肄业于苏州公立中学五年，受业于介生夫子者三年。所受科为国文，而七十余年间自省，受用者乃远越于国文。盖夫子崇德笃行，布衣疏食，其不言之教，当时门弟子莫不敬而慕之，且以律己。夫子耽吟咏，与南社诗人唱和，喜画梅，咏梅诗续出而不已，绍钧尝恭录之[②]。

1983 年为胡先生遗稿所作的“序言”

我所以有这一天，离不开胡先生的亲切教诲，先生教我的学问，我用了七十年还未用完。

1983 年给胡先生后人的信

今日胡先生讲朱酉生作《吴中风俗利病记》，言及今之婚丧庆吊以及育子生男皆有酬应，且极其奢华。在富者为之固无碍，而家道稍差者为之牵制矣，盖不如是恐为人看不起也，遂致借债以办事。其弊可谓烈矣。救之之法，须富而显者为之提倡，专以俭约为主，使家道稍差者见之，以为彼且如是，我当更省。则民

---

① 胡石予（1868—1938）：名蕴，字介生。江苏昆山市蓬阆镇人，南社耆宿之一，擅古文辞，善画梅，又治诗章，著有《半兰旧庐诗集》《诗学大义》和《画梅赘语》等，是清末民初江南四大儒之一（余三位为国学大师唐文治、南社耆宿高吹万、诗人钱名山）。

② 胡先生在诗中谈及叶圣陶借抄诗稿时写道：“吾门两生叶圣（圣陶）顾（顾颉刚），手抄吾诗乐不疲。”

力可苏而财用稍裕矣。此言殊当。

1910 年 12 月 22 日日记

忆昨日胡先生续讲朱酉生《吴中风俗利病记》，言及今之僧道尼为数甚多，亦属游荡之民，且潇然方外，以无室家之忧，因而无国家种族之思想。况所谓僧者，先出世而后入世之人也，今则徒为人做佛事而已。然所居则乔岳名山，产则良田万顷，受人之施，以终其身。国中有此许多分利之人，其何能富裕。措置之法，宜就其寺院，令之习艺，使其有识者为之领袖，则亦可以生利，而自食其力。男女婚嫁亦人伦之大，何得国有怨女旷夫，故必令僧道尼相为配合，俾成家室。有家室，然后有国家种族之念，其经籍则不可毁灭。以其理之妙，实不可思议，而用亦颇广，不妨定为科学，供人研究。此说颇为切实，然如此大改革，亦非易事也。

1910 年 12 月 27 日日记

胡先生言："英雄有多种，有逍遥尘纲之外不肯一进藩笼者；有愿进牢笼以得一舒其志，作枉尺直寻之想者。"然一则心虽高蹈，终属无补；一则稍负瑕疵，其实有益于世。推而进之，则不受笼络，未尝不可施为。竖起脊梁，振作血性，转移也，改革也，何事不可为，只在我耳。此则非所大英雄乎？

1911 年 2 月 27 日日记

胡先生说："春秋时最耻城下之盟，即兵临城下，必抵死以守，可想见当时民气之为如何矣！”今之民气不知何往矣？何外患日逼而优游嬉戏者之纷纷也。呜呼，其或积习由渐而致然欤，抑君主以天下为私产而致然欤？虽然而今而后，君主虽以天下为私产，我却不得不认之为全国人之公产。既为全国人之公产，我有一份在焉；既有一份，能不起而保守之。且非特此也，苟其不能保守，丧产之外，尚且灭我种绝我子孙，则心虽有惰意者，能不亦惊心勉力，奋起而保守之。起乎，起乎，中国人其起乎！四万万民气，足哈倒全世界也。

1911 年 3 月 28 日日记

第三课汉文，胡先生讲及近事，谓扫除恶朽，改造神州，本属大英雄之事，若其人者，当顶礼膜拜之。而或有不逞之徒乘机淆乱，则大英雄之信用名誉将为所玷污，而众同胞之身家性命且转辗沟壑矣。一再思之，势殊可危也。噫，是实大可虑，不知彼大英雄者其有以补救之乎？

1911 年 10 月 13 日日记

胡先生上课时讲及读书，谓读书之味无穷，在各人之识见境地而得其各殊之进步。或竟一人而专读一书，少年时之领悟如是，中年而更读之，其会意异于少年时矣，老年而更读之，则又异。而其领悟，其会意，皆进步也。欲练身救世者，读书一层可不亟亟乎哉！

1911 年 10 月 25 日日记

晨间方起身而颉刚来，出胡先生诗稿授余，盖君昨日假自先生者也，略谈数语即去。因读先生诗，见其近作《秋风诗》[①]十六首，详志近事，低徊咏叹，弥多趣致。既而亦成七律一首，志昨日之事，即誊之稿中。

1911 年 11 月 6 日日记

（胡先生来）示余以《秋风诗》，盖自八月十九武汉起义以来而至近日之纪事诗也。诗凡数十首，纪事弥详，尚未有尽数。每首皆有笺注，诚伟著也。

1911 年 12 月 9 日日记

昨向胡先生假得其《秋风诗》卷，即振笔抄之，终日而尽，凡 60 首，兼有细注，故费时多也。

1911 年 12 月 23 日日记

---

① 《秋风诗》堪称辛亥革命的史诗，自辛亥八月十九（10 月 10 日），武昌吹响“起义”的号角写起，一直写到孙中山任临时大总统，前后 81 天在中华大地上发生的惊天动地的大事件，全诗共 66 首。因为“武昌起义”是在秋天，胡先生觉得以“秋风”来比喻这个振聋发聩的消息最为酣畅，所以这史诗就以“秋风”开篇，并以名其篇，第一首头二句为“秋风吹客汉高吟，江汉潮流发大音”。《秋风诗·自序》云：“秋风秋风，迅厉迅厉，振落枯槁，天地义气”，宣称他写《秋风诗》是为了“叙事”和“言志”。叶圣陶秉烛达旦，“抄录”胡先生诗不仅仅是为了学习写诗，像先生那样勤奋治学，也是为了追慕先生的“道德”，像先生那样秉承知识分子“为天地立心，为生民立命”的社会责任，忧国忧民。叶圣陶抄录胡先生的诗共有十数册。

1912 年 1 月，叶圣陶（右二）与同学顾颉刚（左二）、王伯祥（右一）、王彦龙（左一）参加社会党后摄

晨起身后即至校中，胡先生适自乡间至，余告之将为小学教师。先生遂训余曰："小学之善否，全视教师之经验如何，初任其事，自不甚得手，能细心研究，则其中至味不难得也。浅而言之，当先求学童之明晓学科，则可以坚各童家庭之信心；信心既坚，则可由学童以转移夫家庭。数十家既脱离乎恶习惯，其余之家亦从而效之，其责洵非轻浅也。"先生之言如是，特做到如此已非易易矣。既而岷原来，乃偕至慰萱家，中新亦旋来，于是四人同至南仓桥谒吴讷士先生。先生告我侪以初等学校中一切杂务应若何办法。语既竟，先生往民政署，我四人亦径往。所见仍为讷士先生，而各小学校之教师来者约三四十人。先生所语大致亦

如适间所云。时丁梦冈亦在，为指引钱君选青（柏荫），乃各相见致问答焉。诸人既散，径自归家。饭毕至校中，与岷原、慰萱、中新、笙亚闲谈，皆以为我侪初志断不在初等小学，希望之中恒谓未可限量，今乃若此矣。虽此职之责亦非轻细，然已难耐，唯其难耐，更当于此之寻乐趣也。午晚即归。

1912 年 2 月 12 日日记

教国文的伯南先生[①]

伯南先生夜间来闲谈。彼说懒于酬应，心虽非傲人，终觉冷待于人，大是开罪于人处。说我亦深有此病，以后当戒之。又于无意中谈及今之人皆精明。彼说精明人最是不精明，此语殊深于阅历。

1910 年 11 月 3 日日记

① 先生精治经学，博通说文，所作篆浑厚古朴，一如其人。曾随吴郁生蔚若、江标建霞、叶昌炽鞠裳、王同愈胜之四学政观风四川、湖南、甘肃、湖北，襄助阅卷，见闻至广，造诣至深，所授课文大都选之史汉，薄桐城、阳湖派文章而认为不屑读，致我辈眼高手低，取舍从严，下笔力求简敛而未能，辞艰意涩，失之开展。先生赋性真挚，胸无城府，对同学无不爱，同学以其易与也，辄揶揄之、激之使怒，引为趣乐，先生亦不以为忤，逍遥嗜饮，嘻笑自若，而实深于世故。晚岁奉佛，人有所求，力能及无不应。某年除夕，偶闻邻人刮米缸底作声，素谂其贫，知其米之罄也，急为籴米数斗，暗饬栈司担去，邻人讶之，初不知付款者为谁，担米者为肖其状貌，知为先生，其济施之不欲人知者类如此。[赵孟轺：《拙斋纪年》，《苏州史志资料选辑》（总第三十六辑）第 106 页，2010 年]

伯南先生来，彼对我说：终不要写古里古气之字，以不适于用，字须要飘逸秀媚，盖以彼适见我署书头之字也。然余下笔总是如此，欲其改之，大费功夫。彼又说古帖却又不可不看，摹其笔意，而不摹其笔迹，乃为上上。又说熟读四书，作文自然灵活，阅历之言定当不谬，故志之。

1911 年 1 月 4 日日记

夜翻《芥子园画谱》，见其总论中《去俗》一则有语云："宁有稚气，毋有滞气。"彼论画也，而于行文亦大有用处。伯南先生深赞蒋企巩之文，虽有稚气，而有灵活之思、多致之语。盖稚气可以学而弃之也，若一有滞气，出语笨重，终身无进矣。

1911 年 1 月 25 日日记

教兵操的魏旭东先生

小一年和中学第一年的体操是徒手操和器械操，中学第二年第五年全是兵操。器械操用木哑铃、铁哑铃、棍棒、长干双木球棒（双木球装在棒的两端）之类。兵操个人有一支一响的后膛枪，一条皮带，皮带上附有两个子弹匣，一把刺刀挂在左边。

教兵操的是魏旭东先生，现在我记不得他是湖南还是湖北人，军道出身，什么级别我也说不清，苏州人几乎全都知道他，课程中有兵操的学校都请他，大伙儿称他"魏教习"。他教我们从"托枪""枪放下"开始，直到"预备放""跪倒，预备放""卧倒，预备放"，要求相当严格。有时候他要检查枪管，看我们擦枪的功夫怎么样。有好些同学真肯下功夫，把枪管里擦得乌蓝发亮，来复线清清楚楚。我擦枪挺随便，用通条带着布条插进去擦几下就了事，从没有受到魏先生的赞许。再说那一排子弹，既然拿到手，总要把它消费了才称心，于是选定一天去打靶。打靶的结果，五枪全中的占极少数，中一两枪的居多数，我一枪也没打中。

开始时班级少，只能操小队教练。后来班级多了，人数够了，就操中队教练。我在本班里年纪最小，身子又不高，无论小队教练中队教练，我总是排尾。一响后膛枪已经高过我的肩膀，如果上了一尺有余的刺刀就高过头顶不少，自已想想也好笑，而且感到分量重。虽然如此，我还是认为兵操挺有兴味。队形有多种变化，步子有正有快有跑，上刺刀、下刺刀、举枪敬礼、散兵线、野外搜索，上了刺刀喊着“杀”冲锋，冲上高墩是占领了敌人营地（当时苏州砖瓦泥土堆很多，叫作“高墩”，高的与楼房相等，是太平天国时期遗留下来的），全都觉得可观乐。到 1910 年全校到南京去旅行，参观南洋劝业会，到南京下了火车，成四行，扛着枪，开着正步，初次踏上南京的街道，同学们都有不可一世的自豪感。

《略述我的健康情况》

我当中学生的时代在清朝末年，那时候厉行军国民教育，所以我也受过三年以上的军事训练。现在有想起来，旁的也没有什么，只那掮枪的生活倒是颇有兴味的。

我们那时候掮的是后膛枪，上了刺刀，大概有七八斤重。腰间围着皮带。皮带上系着两个长方的皮匣子，在左右肋骨的部位，那是预备装子弹的。后面的左侧又系着刺刀的壳子。这样装束起来，俨然是个军人了。

一年的乐事，秋季旅行为最，旅行的时候也用军法部勒。一队有队长，一小队又有小队长。步伐听军号，归队和散队听军号，吃饭听军号，早起夜眠也听军号。我有几个同级的好友是吹号打鼓的好手，每逢旅行，他们总排在队伍的前头，显耀他们的本领。我从他们那里受到熏染，知道吹号打鼓与其他技艺一样，造诣也颇有深浅的差异，要沉着而又圆转，那才是真功夫。我略能鉴别吹奏的好环，有几支军号的曲调至今还记得。

旅行不但掮枪束子弹带，还要向军营借了粮食袋和水瓶来使用。粮食装挂在左腰间，水瓶挂在右腰间，里面当然充满了内容物。这就颇有点累赘了，然而我们都欢喜这样的装束，恨不得在背上再加一个背包。其时枪也擦得特别干净，枪管乌乌的，枪柄上不留一点污迹……

《掮枪的生活》

旅行到了目的地，或者从轮船上起岸，或者从火车上下来，我们总是排成四行的队伍，开着正步，昂然前进。校旗由排头笔直地执着，军号军鼓奏着悠扬的调子，步伐匀齐，没有一点儿错乱。人家没有留心看校旗上的字，往往说“哪里来的军队”。听了这个话，我们的精神更见振作，身躯挺得更直，步子也跨得更大。有一年秋季旅行，达到目的地已经是晚上八点过后，天下着大雨，地上到处是水潭。我们依然开正步，保持着队伍的整齐形式。一步一步差不多都落在水潭里，皮鞋完全灌满了水，衣服也湿透了，紧贴着皮肤。我们都以为这是有趣的佳遇，不感到难受。又有一年秋季，到南京去参观南洋劝业会，正走进会场的正门，忽然来一阵点儿很大的急雨。我们好像没有这回事，立停，成双行向左转，报数，搭枪架，然后散开，到各个馆去参观。第二天《会场日报》刊登特别记载：某某中学到来参观，完全是军队模样，遇到阵雨，队伍绝不散乱，学生个个精神百倍，如是云云。我们都珍重这一则新闻纪事，认为这一次旅行的荣誉。

《掮枪的生活》

苏州中学较优秀者之概况

我与应千同学始于丁未。是岁苏州公立中学校创办，建校舍于草桥，春季开学，乃相识。入学之后复举行甄别，程度较优者为二年级生。应千与王伯祥、吴宾若尚有其他数人来自唐家巷中西学堂，皆入二年级。二年级不足二十人。我为一年级，与应千非同级。甄别之举未知何所据，似颇有识见，迄庚戌年终而察其罅漏。按章程中学肄业五年，可得科举时代举人之称，而丁未入学时为二年级生者，庚戌岁终虽毕五年之业，肄业则仅四年，不合于章程，尚须补习一年乃得为举人。于是有不顾而去者，有愿留一年者。应千不之顾，辛亥即入上海南洋公学。留而补习者才数人，辛亥秋举国革命，清朝运绝，举人卒未之得。

览应千此十三册日记，大略可见当年苏州中学生较优秀者之概况，作诗词，作画，刻印章，游西郊诸山，而常入茶馆吃茶，同学间畅谈无禁，往往至数小时，尤为今人所弗晓。时做玄想，好谈国外新事物，颇受上海报章杂志之影响，古诗文与新译作并为课余良伴。

《〈汪应千日记〉序》

读英文激发起了文学的兴趣

中学里读英文，用的本子是华盛顿·欧文的《见闻札记》和古德斯密（戈德史密斯）的《威克斐牧师传》，在当时几乎是英文的必读书。……那富于情趣的描写，那看似平淡而实有深味的叙述，当时以为都不是读过的一些书中所有的，爱赏不已，尤其是《妻》《睡谷》《李迫大梦》以及叙述圣诞节和威斯明司德齐的几篇……华盛顿·欧文的文趣（现在想来，就是“风格”）很打动我。我曾经这样想过，若用这种文趣写文字，那多么好呢！这以前，我也看过了好些旧小说，如《水浒》《三国演义》《红楼梦》，都曾看过好几遍，但只是对故事发生兴趣而已，并不觉得写作方面有什么好处。

《过去随谈》

我写小说，并没有师承，十几岁的时候就喜欢自己瞎摸。如果不读英文，不接触那些用英文写的文学作品，我决不会写什么小说。读了些英文的文学作品，英文没有读通，连浅近的文法都

中学时代写的日记

没有搞清楚，可是文学的兴趣起来了。这是意外的收获。当然，看些翻译作品也有关系。

《〈叶圣陶选集〉自序》

创办年级小报《课余丽泽》

我从书塾中“开笔”，一直到进了中学，都按期作文。这种作文是强迫的练习，不是自动的抒写，不能算写作。自动抒写的开始是作诗。记得第一首诗是咏月的绝句，开头道：“纤云出时一轮寒”，以下三句记不起了。那时我在中学里，大概是二年生或三年生，升到五年级（前清中学五年毕业）的时候，和几个同学发起一种《课余丽泽》[1]，自己作稿，自己写钢板，自己印发，每期两张或三张，犹如现在的壁报；我常常写一些短论或杂稿，算是发表文字的开始。

《文艺写作经验谈》

与同学王伯祥、顾颉刚的交谊

（1）伯祥五十初度[2]（摘录）

论交逾卅载，远别且二年，

五十君已至，觞祝嗟无缘。

忆从丁未始，草桥忝随肩。[3]

① “丽泽”：源于《易·兑》：“丽泽兑，君子以朋友讲习。”王弼注：“丽犹连也。”“兑”，喜悦。意谓两个沼泽相连滋润万物，所以万物皆悦。叶圣陶用“丽泽”作报名，彰显“相连”的情谊，激励自己和同学们相亲相爱，互相切磋，砥砺学问，以文会友，以友辅仁。

② 叶圣陶1939年4月10日致王伯祥信云：“兄今年五十矣，寿辰何日，忘之，乞告。回思卅年交情如兄弟，不可不作诗为寿，俟其成篇，即当飞寄。”又，7月15日致王伯祥信云：“寿兄诗已完篇，别纸录呈，毫无祝寿之意，唯叙兄与弟之交情而已。兄读之，回溯曩游，或饶兴味。诗实在作不好，其故在读书太少，诗才太薄，无可如何也。”“初度”：初生之日，亦指生日。五十初度，即第五十个生日。

王伯祥（1890—1975）：原名钟麒，字伯祥，史学家，江苏苏州人，与叶圣陶为中学同学，在吴县第五高等小学、北京大学、商务印书馆、开明书店，均为同事。“八·一三”事变后，王伯祥困居上海租界内，叶圣陶举家西迁，抗战胜利后回到上海。

③ 此丁未年为1907年。是年春，苏州公立第一中学堂创办于城内草桥，因称“草桥中学”。叶圣陶和王伯祥投考入学，始相识。忝：有愧于。

讲舍[1]纵谈笑，书林[2]恣流连。
城西丘壑美，时时陟翠巅。
五岁倏而[3]逝，小成[4]颇歉然[5]。

《叶圣陶集》第 8 卷

（2）题《石湖棹歌百首》稿本[6]
石湖百首许君歌，写作俱佳劫不磨。
小印悉工笺亦雅，刚翁玩赏乐如何？

百咏于今德不孤，或题诗笔或留图。
眼明最爱从周绘，如此烟波洵石湖。

因诵斯篇忆幼年，嬉春爱上上坟船。
石湖想象成沧海，柳坞桃村望若仙。
中学时期三人行，石湖来去脚边程。[7]

---

① 指学校。
② 指书店。原意为藏书之处。
③ 忽然。《楚辞·九歌·少司命》："倏而来兮忽而逝。"
④ 小有成就。《礼记·学记》："七年视论学取友，谓之小成。"这里指中学毕业。叶圣陶于 1912 年春中学毕业，共学习五年。
⑤ 不自满状。
⑥ 诗前有小序云："谢刚主近在上海收得许达夫重录所作《石湖棹歌百首》稿本。许达夫名锷，道光咸丰间人，布衣，家居葑门，工诗，善楷书。此本画乌丝阑，小楷极精。"
⑦ 叶圣陶注："值休日，辄偕伯祥、颉刚二兄远足西郊，横塘石湖为常到之处。苏人谓寻常经行之路为'脚边程'。"

桥头塔畔留珍忆，山色波光证友情。

《叶圣陶集》第 8 卷

（3）题颉刚兄手录辛癸贻我书十五通[①]

贻书十五通，纪年为辛癸，
今距七十载，重读感靡已。
原书未保藏，君乃抄存此，
于焉见友情，我愧良多矣。
抒怀如面语，记游详无比，
挥写最勤时，一月寄五鲤。
此情逾弟兄，其味甘且旨，
回想青年乐，仍为此时喜。

---

① 叶圣陶 1981 年 10 月 19 日日记："湜华来共午餐。渠从顾家带来颉刚辛亥至癸丑致余书十五通之自录稿。六十余年之后得重读颉刚当时来书，自极可喜。此诸书余未保存，而颉刚自存之，愧对故友矣。拟就此十五通书作诗，表纪念之意。"

10 月 24 日日记："上午看毕颉刚辛癸贻书十五通，摘记其大要。据来书揣测，民国元年北上，盖与陈翼龙、孙几伊同行。在京仅留二月。所叙皆游览与看戏，又叙种种观感。绝未言及社会党之事。"

10 月 25 日日记："今日作诗，题颉刚早年寄余书十五通，将以答颉刚夫人之殷嘱。拟作五言古四首，今日成一首有余。"

10 月 25 日日记："续作题颉刚贻余书之诗，到晚成第三首。再作一首，可毕事矣。"

10 月 30 日日记："上午作纪念颉刚之诗第四首，即此为止。将缮写交去，备编入纪念册中。"

七十年间事，据书可比较：
津浦三日程，如今半日到；
京津三等车，兀立货环绕；
门设而不关，直冒寒风啸；
如今以语人，人将摇头笑。
京中故宫殿，园囿并寺庙，
当时颇寥落，远客独凭吊，
今皆焕然新，增修益美好，
游人纷如潮，欢声兼笑貌。
卓见君夙具，随时存史料，
微物亦足珍，账单或戏票，
念此十五书，史料实居要。

京中观戏剧，语我京沪比：
沪是引人易，凭借三者是，
巨幅刊广告，剧评时称美，
台上设布景，新鲜令人喜；
京中悉无之，唯凭功夫耳，
观者内行多，入微辨宫徵，
一调偶或乖，倒好随时起。
此言至堪味，可入戏剧史。
沪上听评弹，语我诸名氏，
胥属苏名家，苏人瑰宝视，

乃皆离苏去，弹唱洋场里。
由今想当年，世运固如此。

君尚有遗文，追叙曩时谊，
作于抗战期，当日未相示，
今始读存稿，历历忆往事：
幼岁同窗读，继之同校肄，
共游玄妙观，徘徊旧书肆，
共登西郭山，流连诸山翠。
时与伯祥偕，三人盖同气。
迄于壬子岁，二君为媒至，
我得妻墨林，最满平生意，
只惜先我去，历年已廿四。
摘举焉能尽？掩卷欲堕泪，
此卷并贻书，死生交情系。

《叶圣陶集》第8卷

(4)《艺兰要诀》跋

春间购兰一握植诸盆，尚含蕊焉，色绿而苞明。复十数日且花矣。会结伴泛西子湖，亦六七日，短桨轻打，一舟容与。辄念家中兰，此时当幽香盈屋。及归。乃大不然。六七日前之荣荣窗下者，竟同秋后草，花未开而先萎矣。噫。可惜矣。走访颉刚[1]，则出《艺兰要诀》，曰：戚属吴公[2]著也。披阅之，乃恍然悟。盖艺兰固有其方，而余兰之萎，实由于余之未得之也。夫兰之所产，非山隈岩角乎，其生也以天，其萎也以天，天道一岁而往复，兰亦一岁一荣枯。然卒未闻兰有枯而不复荣之一岁。盖不生于他处，而自然生于山岩，则兰之性必宜乎此矣。今乃欲以宜乎山岩之性，而强之亦宜乎盆盎，则非顺其初性不可。所谓顺之者，即所谓艺兰之方。使地易而性仍，其发为荣者，亦必复所旧有。则欲求见兰于盆盎之道，固非未谙于方者所可言也。以余之不知治兰，乃生春间兰萎之感，同余之怀者几人，以此篇砭之也可。辛亥八月望叶绍钧识。

《叶圣陶集》第 18 卷

① 顾颉刚（1893—1980）：原名诵坤，字铭坚，江苏苏州人，中国现代著名历史学家、民俗学家，古史辨学派创始人，现代历史地理学和民俗学的开拓者、奠基人。与叶圣陶为私塾、小学、中学同学，1920 年北京大学本科哲学门毕业。之后任教于北京大学等。中华人民共和国成立后，任中国科学院历史研究所研究员，中国民间文艺研究会副主席，第二、三届全国政协委员，第四、五届全国人大代表。顾颉刚从 20 世纪 20 年代起即从事中国历史和古代文献典籍的研究和辨伪工作。与钱玄同等发起并主持了古史辨伪的大讨论，又广集当时的研究成果编成《古史辨》八册，形成了“古史辨”派。

② 即吴传沄，号升子。

草桥校友的骄傲

《放社宣言》

欧化东渐，昌行社会，几于无地非社会所，无人非社员矣。询其职志，则政柄其首邱焉；侦其归宿，则利权其尾闾焉。其得失吾不敢知，然皆有为而为也。其为于无所为者，聿惟吾放社之设乎。社恶乎俶？倡议于庚戌春。社恶乎成？实行于壬子夏。社恶乎地？或城或野，适性攸宜，坎止流行，不离昌亭者近是。社恶乎业？经史百氏，相与讲明，用壮其诗文，灵其书画。社当有章约严整之，监史摄任之，今则否否入社群子，无一非合道通方，其于敬业乐群，知之也深，守之也笃，矫力争而心竞，惩噂沓而背憎，故不必有颟若之型，巍然之长焉。社期之周疏，听诸社友之多寡，听诸人大要，月恒四五作，作恒廿余士。礼乐兵农，所谓国学也；文诗书画，所谓美术也；悉详讨而明究之，然后宣诸绨豪，异于忘本。曲学由朔，臻晦辄掌录成策，授诸手民，非曰行世立言，敬质有道焉耳，隐居放言，其或当于圣论之废中权乎。……

《新世界》第 8 期，1912 年 8 月 25 日

放社同人的聚餐会

昨日（1912 年 12 月 31 日）岁除，我放社同人作聚餐会于玄妙观（新设菜馆），至者应千、彦龙、伯祥、企巩、蓉初、宾若、君畴、伟士、顾励安及我共十人。围炉团坐，美酒羔羊，电火耀

辉，华筵照眼。或引吭高歌，作燕赵之音；或浅斟低唱，作南部之曲。隔座温馨，阿郎玉儿，悬河长舌，淳于诙谐。此乐只应此日有，累依席散暗销魂。心存悲境，乐亦是悲，可叹！

1913 年 1 月 1 日夜致顾颉刚信

草桥中学堂建校五载纪念

今日以校中五载纪念，故停课。到校时，见礼堂满悬纸圈与万国旗，墙上遍挂历史画。诸同学咸欣然有喜色，盖将开纪念会也。至九句半钟，鸣钟开会。先由监督述开会词，继由程先生述开办时情形，其次为前任监督蒋韶九先生演说。意分三层：一则谓为我诸学生个人之将来，一则谓公立中学之将来，一则谓中国之将来。说到末层，语更恳切，同学中竟有堕泪者。蒋先生说毕，胡先生登台，即续蒋先生之意，语亦激烈。谓人有中蝮蛇之毒而割其臂者，我国现在此时此执，亦正当割臂之是务，须坚忍，须耐劳。说完时，拍手之声震动玻璃之窗。继为前任唱歌教员华倩叔演说，继为监督演说，又继之为蒋韶九先生得监督之许可，与我诸同学商议不用洋货事。先生说："此日大局已九分不可为，热中之士徒曰爱国爱国，而问其所以爱国之法则漠然。呜呼！国之所恃者唯财。近日洋货畅销，土货滞积，数年以后，必致人人饿死，即有田万顷资巨万，宁能独活。我今请以爱本国之货表其爱国之忱，此虽非上策，而有什一之实益。至于国民军云云者，不过不可无此想而不可有此事者也。如我等者，皆荷一枪挂一刀而赴敌，中国尚可成为中国乎？故宜以爱土货为善。爱土货，不可不用土货而拒洋货。则我今立一社，愿不用洋货者署名焉。亦无罚辱之条，亦无稽察之员，以心问心不愧而止。诸君其赞成乎？”众皆鼓掌示欢迎，乃散会。

1911 年 3 月 15 日日记

草桥中学堂校友会成立大会

今日为校友会成立大会，故朝晨仍旧到校。到九句半钟，鸣钟开会，先由监督述开会词，继之以祝词，相与大呼“万岁”。选举职员共副会长一，编译部、美术部、运动部正副部长各一，会计员、书记员各二，评议员、干事员各六，及开票停当，而散会。

1911 年 3 月 26 日日记

与袁希洛校长摄留别影

晨起即到校。我同级诸人意欲与（校长）袁先生摄一留别影。而以此时所穿之衣服为旧时虏廷体制，若摄其影而留诸他日，使检阅时则对而生憎，殊未善也，乃议一律穿西装。自有之者则大妙，无之者则借诸其亲或友，于是我出尔入，大形忙碌，至十一句钟而衣服齐，余则穿程君汝梁之外套也。时照相馆中人已至，即择运动场角之层阶摄影。袁先生立于中，诸人则或其旁或其后。摄影毕已是饭时。

1912 年 1 月 9 日日记

1912 年 1 月 9 日，草桥中学毕业班同学合影（三排右一为叶圣陶，前排拿手杖者为校长袁叔畲）。

草桥中学堂的毕业典礼

（上午十一句钟）至校中。则见礼堂上已陈饰齐整，墙壁间多悬历史画焉。

午后二时，鸣钟开毕业式会。先由袁先生述开会词，更及于现今之大势，谓："经营缔造弥困苦艰难，而一国中之操大势趋向之权者，实在中等社会人。君等由中学毕业入社会，自必进中等社会矣，可不勉之。"继乃给凭。给凭毕，袁先生请前本校监督蒋韶九先生演说，大致谓：能人人各持一责任心，斯可得文明灿烂之幸福与欢乐。继之则胡先生演说，其说甚长，而主要则在

"习劳崇俭"四字，谆谆然谓"君等不可一日忘此四字也"。说毕乃散会。今日来宾有数十人，多学校办事人。先时曾柬请民政长、学务总管、教育课长、教育会会长，四人皆以有事未临也。

1912 年 1 月 28 日日记

草桥中学同学会缘起

谭浏阳谓古称五伦，唯朋友一宗几仁，余胥腐朽，未足垂训。盖社交为有生之同性，而无友实学者所大哀。嘤嘤辍诵，情何能已？组成斯会，此志焉耳。溯草桥精舍，创自丁未之岁，醰醰味味，灿流英年，比兹几稔，亦已风流云散，天各一方矣。若去殊洲，彼适异国，他年觌面，不将惊为初见乎？丽泽讲习大易曾言：将欲阐新知，研绝学，扶民德，励修行，非有群力莫之能举，则斯会也，以通情感、勉学德为指归者。组之犹奚得，或稽以室朋友之相仁哉！序缘起竟。

1913 年 3 月 17 日夜致顾颉刚信

作为"精神圣地"的王废基[①]

午后第四时体操，则至王废基操中队教练。操场之西有马厩，

---

① 元朝末年，张士诚乘乱占据了苏州一带约两千里地，自号"吴王"，筑了"王宫"。张士诚后来败于明太祖朱元璋之手，被俘至建康（今南京），自缢而死。为了不让明军得到苏州的财富，城破之日，他命手下放火焚烧王宫，转眼之间，偌大的王宫成了废墟，后来人叫它"王废基"，民间苏州口语"王""皇"不分，1982 年地名录取了"皇废基"，沿用至今。

声声马嘶，场右营中，呜呜战角，在其中荷枪驰逐，殊有沙场慷慨之概，不禁神往焉。

1911 年 2 月 28 日日记

晨到校，即换操衣上操。今日操野战，先遣十余人为三队，至盘门南园而伏，其余则为侦察队，余亦在其中。沿路屡遣侦探出逻，以觇先遣之十余人，即视以为敌军者。既至南园，则三队皆侦见，合力逐之，夺其帽则为已死。我一队中获胜焉，既而复遣十余人，令于归途一路埋伏。时适余出侦，至王废基，见之于丛桑中，欲还报告已不及，而帽为所夺矣。归校中则已过十句钟。……（午后课毕）复同子明、令时至王废基，则适见戮人，闻系劫大石头巷朱姓之盗。

1911 年 5 月 17 日日记

午后第五时体操，至王废基操野战。二十余人为大队，作夜卧于小桥畔；派步哨五队，每队七人，往各处要路紧守，不令敌人乘隙劫营；又令十人分为三队，作敌人来劫营者。既而步哨不留心，竟为章君畴等四人劫入，于是大队大败。此种操于王废基一带极相宜，将来自有用处。

1911 年 5 月 23 日日记

午后即雨。第五时体操，诸人皆欲于雨中演习战攻，魏先生允之。遂先至钟楼头，令五六人为敌人而已破城而入者，其余则皆为拒之者。继则复云敌人在北局一带，乃出决死队拒之，而与巷战，每队五六人，队队所行之路不同。是时雨甚大，衣尽湿，及至北局，获敌二人，旋即归校。

1911 年 6 月 13 日日记

晨到校早……闻王废基有昨夜所杀盗魁之尸，遂同心存、映娄往观。念及其紊乱秩序为人道害，则虽见其身首异处，而余全无恐惧之心。旋返校，笙亚、藩室欲往观，乃更同之往。

1911 年 6 月 27 日日记

（下午）四句钟，同笙亚、藩室、书玉、皃岑、彦英至观前，散步玄妙观，旋由护龙街至王废基，气则大爽，归校。晚膳后再至王废基，盖此地实为我校诸同学之游息所也。……归家已燃灯时，略看《东方》。

1911 年 7 月 1 日日记

晚膳毕，（与颉刚等五人）同至王废基，一丸凉月照彻树头，几曲鸣蛙听来墓底，池塘之旁树森森，立月照之，成一幅天然之投影画。归途，月益皎，一片白云飞过月边，宛若在各种图画中所见之飞艇，则心与俱飞矣。

1911 年 8 月 7 日日记

（午膳）毕，同怀兰散步王废基。漫天阴霾，老树含烟，弥望苍茫，吟蛩声出墓侧，尤倍觉可怜生也。仍归校，观同学拍网球，静观之间亦得少佳趣。听笙亚、书玉、轶韦、棣荪诸人谈论，亦娓娓可耳也。

1911 年 9 月 7 日日记

（午后）笙亚谓："同学有在王废基拍网球，盍往观乎？"乃更邀宾若同往。至则见旁观多人环观之，因席地焉。细草如茵，绿杨垂幕，日光斜照之中，乃见此活泼泼四同学舒其轻捷之肢，做此雅游。满场寂静，唯闻球落地之声，其一边胜，则或闻笑声也。此景也，顿令我思我身殆已不在此百病丛生之中国；或则此老大之中国，殆已一跃而为雄健之少年乎？甚矣，景之移人也！

阳乌下地平线，乃相引归校，即在校晚餐。

1911 年 9 月 24 日日记

同书玉至王废基散步，意欲看足球而无人在焉，乃再归学校。顷之，有同学七八人将至王废基拍网球，亦随之往，球声泊泊，洵可乐也。既而一丸明月吐出柳梢头矣，遂相引归校，即就晚膳。

膳毕，同企巩、岷原、中新至观前，亦做应步月之故事。则见游人拥挤，摩肩插臂，无甚佳趣。乃至王废基，则空明一片，远树含烟，四围柳立，几点灯明。俯仰此身，诚微乎其微，而心脾则弥爽。

1911 年 10 月 6 日日记

（傍晚）茶散后归校，知同学中有在王废基拍网球也，即趋王废基。则见游人络绎，数殆几百。网球之外，更有他校在练足球。大球小球高飞直射，令人目不暇接。既而有少年八九跨马驰骋而来，一行绿杨中，紫韁轻扬，丝鞭摇曳，往而复还，神气跃然，令人心快。俟暮鸦噪树，赤日沉渊，乃缓缓歌。归至校门，闻晚膳钟，即入而便饭。饭毕，又少憩运动场，乃步月而归。

1911 年 10 月 7 日日记

饭后同颉刚、中新至雅聚啜茗阅报。既而闻王废基将杀人，乃急往观。盖近日虎丘山置有大炮，而昨日有汉奸三人将炮上机关私行拆去，幸即拿获。今日所杀即此三人也。孰知至王废基，则闻已在督练公所正法矣。此等人恶不可言，杀之实尚嫌其轻也。乃回至校中，既而企巩来，即与之同途归家。

1911 年 11 月 8 日日记

访颉刚，遇之。怀兰适亦来，乃三人偕至雅聚啜茗。……既而企巩来，而怀兰去。阅报几种后尽至校中，同学中有在跨马试骋者。天高风索，树萎日寒，对之颇长朔方杀虏之思，群马旋至王废基，亦随之往。偕笙亚登高阜望落日，炊烟缕缕，四起不已。

1911 年 12 月 15 日日记

（午）饭后偕企巩、皂岑、圣久至观前散步。回至王废基，正逢戮人，闻系盗案。先由一官长宣布罪状，宣布毕，开枪击之。

三人凡击二十余枪而死。

易杀头而为枪毙，此日始也。是时观者摩肩，拥挤非常，无聊极。

1912 年 1 月 4 日日记

下午课既毕，即至桂芳，遇书玉、笙亚、君畴、国臣诸人。即偕书玉出，途遇慰萱、岷原，乃至玛瑙经房，各购其所须书。……出书肆，至于王废基，少年数十人正在做踢球戏。春风入襟，斜日映池；高柳嫩绿，野花娇红。此一幅仲春艳丽图中，人当不知天涯消息，正多愁恨也。

1912 年 4 月 15 日日记

偕（慰萱、笙亚）二君出，而至王废基，此地久未往经矣。四围绿柳茏葱，如许间杂以绚红之电灯，弥增幽景，一路平坦，野马自归，此景可爱，仿佛见之于西洋最佳之风景画中。复有半轮皓魄，当头直照，营中笳鸣鼓动，盖闭门矣。立此少时，心脾都爽。

1912 年 4 月 26 日日记

（晚）至王废基。芳草夕阳，倍觉可怜景色；一二少年驾自由车，相与驰逐，如龙如水，亦足为此天然景色之点缀。

1912 年 4 月 27 日日记

下午，课既毕，至桂芳，遇同学有二十余。……茶室人散，与笙亚绕道过王废基以归。几池蛙鸣，自成佳奏，漫天云影，恍睹奇峰，笳声动而转静，花气幽以弥香，盖入绝妙诗景矣。惜我笔秃，无足以咏之。

1912 年 6 月 5 日日记

（下午）茶散，（与笙亚、怀兰、中新、慰萱）同至最可爱之王废基。高柳送风，暮云咽日，顷之热焰万丈已无剩余一缕，爽快极矣。谈次，言及世界奇景异事至多且繁，必漫游天涯，方云人生至乐。笙亚曰："譬我身为异国人，今来此游历中国，中国之文字语言我已解之，中国之风俗性情我已知之，似此一思，其乐何如！能做如是观，随处皆乐，不然希望无穷，的终未达，乐向何处求哉！"

1912 年 6 月 12 日日记

课毕后独至桂芳，企巩亦继至，相与论教授管理之方法。……茶罢，偕企巩、子明散步王废基，中新、慰萱以次至。盖此地固恢复精神之佳处，我诸同学视以为胜地者也。每当夕阳欲下，笳吹微动，则见负手而盘桓者，必余同学中人。伫立多时，偕至于草桥母校。课余之时，诸同学多绕廊散步，或携手并语，睹此情景，羡杀做学生矣。

1912 年 6 月 17 日日记

（课毕）急至桂芳瀹茗坐憩，老同学数人亦在，闲或做狂谈，于意至适。茶罢，偕中新、企巩至王废基，笙亚旋至。伫立远眺，凉风入襟，景何其幽也。

1912 年 6 月 18 日日记

茶散，（同学）诸人偕至草桥母校寻刘君直等闲话。……旋再至王废基。营中兵士蓄雏鸭无数，持长竿驱之归，其行路，其鸣声，皆极有乐趣，观之亦足移情。

1912 年 6 月 19 日日记

茶散与岷原、遹骏、叔寅、慰萱、吉如、禹琳散步于王废基。草烟四合，晚景霭然，笑语相答，间以蛙闹，两年前之情景宛然在目，此等处皆不期然而然者。苟诸人相约来做至畅快之谈笑，吾知又不可得矣。

1913 年 6 月 10 日日记

晚饭毕矣。手小说乘凉庭中，企巩忽叩门至，谓："炎暑为虐，屋处复奇闷，今骄日已去，盍出游散。"乃与偕步于王废基之平原。莫烟既合，奇云渐生，望如远山缥缈，倏忽变化，乃如玉女仙俦，骖鸾驾鹤而来，一缕绛霞，恍似瑶阙宫墙焉。其他佳景如柳阴中之电灯，绿草之平壤，池塘内之树影，乱林中之放马，均为快心悦目之物。苟在大诗人之眼中，定有几多之描写，诗藉是以成，顾余则唯觉其为佳景而已。

1913 年 7 月 27 日日记

日暮偕封百、通骏、慰萱辈乘凉王废基。归途见警察一队荷枪围四罪人以行，数百人随之，宛如蚁队，云此逃狱犯也。众人随之将以觇其枪毙。呜呼，此四人殆不免乎。人心喜杀，闻押犯则欢呼随之，拟为枪毙如逢胜观，此何可训也。

1913 年 8 月 8 日日记

课已，闻王废基将有罪人就戮，与选青往观。土阜之上满缀人头，蠕蠕而动，其状不可名，盖皆待观者也。顾殊无其事，人亦渐渐散，有新练军若干方在上操，才入行伍，两手抱枪，又喜又惧，置举之间生涩不中，绳墨头斜，肩削厥状，正难描画。长官高瞩纵眺，意乃不在兵士，顾偶一青睐及之，则呼叱、击扑从其后矣。观有顷，独至桂芳，与叔寅、君畴闲谈。

1913 年 9 月 24 日日记

庆祝“预备仿行宪政”[①]提灯会

近日明诏颁下，开国会期缩至宣统五年。吾吴各学校拟于十一、十二、十三夜开提灯会志庆。届时万条火龙，倾城士女欢歌高唱，洵盛举也。各同学咸引领望矣。

1910 年 11 月 7 日日记

下午课毕时偕诸同学往元都观。见三清殿前高起牌坊，上书

① 1910 年 11 月 4 日清廷决定原定于宣统八年立宪期限，缩改于宣统五年，实行开设议院。苏州各界集会庆祝。

“立宪万岁”四大字，红绿彩绸围其四周，电灯之线已通之其旁，唯灯尚未装；路旁则有绳经满，将以悬灯也，盖后日提灯会之预备也。男女老幼咸结伴一观，相互谈论，拥挤不堪，届期之盛可知之预矣。少立即归。

1910 年 11 月 12 日日记

下午课毕后归家少坐，仍归校。五句半钟晚膳，六句钟提灯列队出校。灯系红色，上书“公立中学庆祝国会”八字。走至观前已拥挤不堪，及进观，列一小时之久，始得抵露台。吹军乐，行军礼，更欢呼“国会万岁”“国民万岁”“公中万岁”三声，遂往真人殿休息。观内之喧哗，灯色之不一，令人耳聩目眩。憩有顷，即列队归校，尚先于各学校。及步月归家，已九句钟矣。

1910 年 11 月 14 日日记

1908年草桥中学同学合影
（自左至右：章君畴、叶圣陶、蒋企巩、尤铁臣）

《新青年》

变革中的苏州

“光复”前后

“光复”前后的乱相和恐慌

今年秋收已有一半之绝望，又雨矣，奈何！各处掠米抢薪之举，报纸屡见，常熟有数千人入城抢掠富家，城致闭矣，兵士弹压亦归无用。似此暴动，将来何可设想？然亦非暴动者之罪也。即使毫无暴动之事，无米斯绝食，亦属难事。仓廪空虚，耕三未余其一，奈何奈何！恐死之一字亦未必远甚也。

1911 年 9 月 4 日日记

近日城中居民异常恐慌，皆纷纷迁家避难，或则至沪上，或则至乡下，而以今日为尤多，河中装家伙之船首尾相接也。不知此次之革命为政治为种族，岂为盗贼之欲肆行抢掠哉！即云防土匪扰事，则立民团以防之可矣，何必迁居？况民团已在创办矣。且下乡盗贼正多于城中，沪上匪徒亦岂云少，犹且屋贵食贵，居家不易，正所谓本无事而自扰之也。一般人如此无目光、无定见，亦大可虑。而人心乱，秩序乱，实当归罪于此迁居之人，此一般无目光、无定见之人。

1911 年 10 月 30 日日记

（晨间）走至校中，则下乡同学几几全数归家。盖昨日一举，下乡未免误传谣乱，所以多归家安慰也。无甚聊赖，即归家午膳。则闻谣传城外有战争，居民纷纷聚论，各致惊惶，谓护龙街一带商店都已罢市，而门前确有敢死队负荷炮者自东而西，乃即出外探确耗。至观前遇仲川，则知恐镇江有兵乘火车来攻，所以于车到之时暂一闭城，而复移兵城头以防之也。至所云战争，则实无其事。无知之人凭空造谣，实属可恶。既而遇企巩及彭震亚（畬滋），相与徐步街头，次遇觉先，至雪糕桥。乃别彼三人而归家，告母亲以无事，勿惊惶也。

昨日军政府有招兵之示，今日应招者已有千余人。入夜后，尽列队往军械局取枪械，过我家门前，亦出而观之。军衣一律，白布尽缠，虽皆未经操练，而自有一团勇往如归之气。三吴健儿固未肯示弱于人也。

昨日袁先生主暂且停课数天，所以今日不上课。

1911 年 11 月 6 日日记

昨夜皮市街盗劫数家，而下乡盗事已屡屡有闻。同胞程度如此低下，可悲哉！然人冻馁且死，自不能讲廉耻，况金融机关既通而再阻，劳动家遂愈受其影响。持铁血主义之英雄，现正军事旁午，自不能兼顾。而若绅若富固亦有地方治安之责者也，奈何不一虑及之乎。

又，今年佃人集众抗租，开仓日期已过，而无有一人来还者。现在军饷筹自田赋，田赋收于农佃。田业会中将设法请兵以恐乡人然，而此事决无善果也。我于此又将悼同胞之无程度矣。悲观种种，将胜过我之希望心，奈何奈何！

1911 年 12 月 22 日日记

近日乡下佃户抗租风潮愈形激烈，各处声气相通，聚人益众，日寻催甲之家毁之拆之。见有城中祭扫之船至，则曰来收租也，亦群起攻之。计数日中，催甲共毁去数十家，亦非有平日之积怨，实视拆毁以为取乐。闻某处乡人更以不耐之举取怒兵士，兵士忿而开枪，致死 13 人。似此漫无法纪，其行实同兽类，不知何日始已也。岂不知今年收获亦未见减色，而所收仅须五成完租以外，尚较他年为赢余，奈何欲并此不纳也。方今事事文明，故收租未肯强压，今乃如此，则军政府苟欲得饷，必且不得不用其兵力，届时擒人治罪，又何苦哉。然下乡人民，性情皆至纯朴，不无匪徒为之扇惑以成此事。我尤望当事者终究勿用武力，得以和平了结，开导其心志，使知正理为若何也。

前报载 26 日举定黄兴为临时总统，实属不确；当日虽有开选举会之说，其实未开也。明日则确于南京开选举会矣。

1911 年 12 月 28 日日记

晨间于途中闻人语，云："昨夜七时，有兵士七八百人，先毁大观、春仙两戏园。至八时忽蜂拥千余人，率同江北男妇小孩千余人，连放排枪，分道而至，将阊门马路及上塘街、下塘街、山塘街、南濠街各商铺及民家尽行抢完，寸草不留。所失货何止数百万。抢毕后，复各处放火，延烧竟夜，至今晨尚未熄也。"

噫，养兵以卫民，今乃反以害民。金阊佳丽地，商贾辐辏，车水马龙，十里数台，几家笙鼓，行见其成毁瓦颓垣矣。

然兵士之为此扰乱，犹当从轻责备，饷糈届期而无着，最切身之自然欲望，且从而不能满足，铤而走险，尚其宜也。独恨彼自以为居人上者，既窃名位，复无完善之策，乃以酿此巨疮耳。

到校后，亦即上课。以昨日所授课二，令各生还讲、诵读、默写，乃敷衍去三小时。饭后，将上课矣，忽有小半学生之家属来校，或寻其子，或呼其弟，谓城中尽行罢市，恐有变故，欲令子弟归去也。乃只得任之去，其余学生依旧上课。余侪教员格外示之以镇静，然已有恐极而哭者。至三句钟，照常放学。

余仍至桂芳之俱乐部，所遇为笙亚、企巩、慰萱、岷原、书玉、仲川、康伯诸人。市面固是依旧，盖适间恐慌系谣言所致，故闭而再开也。坐少时，仲川、康伯先去，余偕其余五人则至旧元和署中，参观监狱，盖犯人已移往他处，此间成空屋矣。入之，阴黯异常，污秽不治，庭丛青草，高墙围环，天日恒疏，想见铁索郎当，狱吏吆喝，夜乌一声，惊魂断绝，居此中者，当不堪其苦也。此物长留，实属不祥。世有不须监狱之时乎？余日望之。既出，乃各自归家。

同居潘谷人之内娣孀妇也，住阊门外，小有资财，方营新居。傍晚时携其子踉跄至，见其姊则大哭，盖昨夜亦同遭劫灭矣。所有财物抢劫一空，初匿床下，被盗施出，夺身上皮袄而去。乃母子相抱，再匿于豕矢之中，伏终夜，乃幸免，枪子时时从头上飞过，呼呼作声也。噫，仅霄隔耳，自顾此身，已同劫后，回首前尘，不堪悲痛矣。

1912 年 3 月 28 日日记

苏州“光复”前成立的民团

（课后）同诸同学至王废基观挑选民团。盖此事已由绅士分五路招募。应募者极为踊跃，其数浮于定额。今日乃会集于王废基，相其体格以定去取。每路选定一百人，日给饭食费焉。闻民团成立以后，则先操练，继站岗，如警察然，而其服装则颇少精神，青布其衣，军式其帽，真所谓四不像。而手则持木棍，尤无谓之极，不枪不弹，亦何所用民团也？绅士办事实属胡闹，可恨。然经济困难，捐集维艰，且枪弹又非贸然可得者，则绅士亦正难怪，独彼有实力势可能者不肯出而任事，则至可恨也。

1911 年 11 月 3 日日记

苏州“光复”的经过

（晨）叔父适自街头归，谓吾苏已于昨夜起事，今则中华民国军政府之示遍贴路侧矣。闻之喜极，即驰至校中，则校门上高悬白旗，诸同学方在门首欣跃也。相见后各致慰贺。

得悉昨日之事，系此地巡抚程公德全主其谋。程公夙有兴汉之志，唯秘不能宣，其后上下各相授意，乃于昨日召各官长会议，皆喜悦赞成。于是命巡警加意卫护，居民毋自惊慌，召新军若干卫护督练公所。而督练公所即为军政总机关，程公则群推以为江苏都督。不流血，不放枪，安然革新，皆程公明察之德所致也。吴人得公亦云福矣。

书玉至王废基，亦同之往。则巡防营中亦已高悬白旗，兵士臂上缠以白布焉。

少徘徊即归校。则袁先生适自沪上归，述近日正忙碌，安眠鲜得。沪上起事，先生与主其谋。今则制造厂已得，军械可以不忧，南京在手掌中矣。又谓南京防守甚严，曾冒死往游说各会所，各会所皆空无人矣。先生平日声色不露，乃有此次之作为，可敬也；少坐而又有事他往矣。

饭后同笙亚、书玉、颉刚往瞻都督府。至则兵士束装整列，殊异平日，竿上悬“兴汉安民”四字白旗，临风荡扬。将返身矣，袁先生、胡先生偕来，乃随之游行，过三元坊而沧浪亭。各学堂皆不悬白旗，袁先生一一令之悬挂，而道旁居民亦多悬之矣。归校坐少时，同颉刚至观前，则各商店无一不挂悬。一白如练，气象顿新，盛矣。行至醋坊桥，各自别而归家。

1911 年 11 月 5 日日记

革命，一般市民都不曾尝过它的味道。报纸上记载着什么什么地方都光复了，眼见苏州地方的革命必不可免，于是竭尽想象的能力描绘那将要揭露的一幕。想象实在贫弱得很，无非开枪和放火、死亡和流离。避往乡间去吧，到上海去做几时寓公吧，这样想的，这样干的，颇有其人。

但也有对于尚未见面的革命感到亲热的。理由很简单，革了命，上头不再有皇帝，谁都成为中国的主人，一切事情就能办得好了。这类人中以青年学生为多。上课简直不当一回事；每天赶早跑火车站，等候上海来的报纸，看前一天又有哪些地方光复了。

一天早上，市民相互悄悄地说："来了！"什么东西来了呢？原来就是那引人忧虑又惹人喜爱的革命。它来得这么不声不响，真是出乎全城市民的意料之外。倒马桶的农人依然做他的倾注涤荡的工作，小茶馆里依然坐着一壁洗脸一壁打呵欠的茶客。只有站岗巡警的衣袖上多了一条白布。

有几处桥头巷口张贴着告示，大家才知道江苏巡抚程德全改称了都督。那一方印信据说是仓卒间用砚台刻成的。

青年学生爽然若失了，革命绝对不能满足他们的浪漫的好奇心。但是对于开枪、放火、死亡、流离惴惴然的那些人却欣欣然了，他们逃过了并不等闲的一个劫运。

《苏州"光复"》

夜间巡街的"学团"

（午饭后）至学校，盖以校中创办学团，今晚须出巡街也。适汪伯乐来，谓今日自沪上归，为述沪上攻制造局事甚悉。首先奋勇者为新舞台艺员小连生，而敢死团之不顾生命尤为不可及。

是役，死十余人，勇敢英雄，我唯有心香一瓣，遥祭之耳。

晚膳后即穿校服，黑衣而黄裤，臂膊之上围以白布，背荷枪，弹匣刺刀缠腰。既而列队于操场，队整而后出。由临顿路而至观前，少息于观里，乃由皮市街而至高等巡警学堂。该学堂固亦办有学团者也。少憩后，彼校亦列队出，随我而行，乃至西半城，由养育巷、十梓街等，则与巡警别。自出校门而至此，途中居民对我亦无荒谬之言惊异之状，镇静如此，亦未可谓无程度也。

至王废基，月色皎然。散队坐草地上，心脾都爽。如此大纪念日，天公何忍示人以阴雨，故特呈此一丸好月也。有顷，乃列队归校。有十余人谓少顷尚须出来站岗，余不能矣，即踏月归。

1911 年 11 月 5 日日记

晨起后即至校中，知昨夜诸同学往高等巡警学堂取新式五响毛瑟枪，盖彼校之余也。枪共二十余支，尚有无人领受者，因亦取其一，人各得子弹十颗，夜间巡街可以无忧矣。……

至傍晚到校夜膳。膳毕后荷枪列队，出巡街，至观前一带，既复归校。少时而至葑门，过钟楼头。月色白如昼，树影清爽，高寒逼人。偶有红灯一点出林隙，则似在此天然之风景画中，另添一景。村狗无声，游鱼低喁，如此风光，如我装束，顿思战场而有此月色，定当拔剑起舞一回也，而今日亦仿佛似之。至城门口，少坐于警卫所。乃至振声家，盖预约备有粥也。食毕，坐许久乃行。

此地有葑门守望团，封百、振声皆出外巡查矣。城中巷团大约皆已成立，吾巷中亦有之。唯既入学团，巷团可免矣。绕道巡行，复至校中，时正十二钟。诸同学皆欲眠，愿再出者止余及映娄等四人。于是彼四人荷枪，余佩指挥刀以出。唯天寒益烈矣，假蓉初之大衣衣之，寒尽却。任足所至，乃至阊门，亦少坐于警卫所。归途过永义龙社，映娄有相识，因入而假座索茶焉。坐约半句钟，乃径归校，正在四句钟。假怀兰榻以卧，头着枕即便入梦。

1911 年 11 月 7 日日记

学团组织已极完备。总机关在巡警学堂，团长为该校教员王君，可以实接都督府。今日颁来肩章若干，上书“苏城学团”，下书“公立中学”，余亦取其一副缝之操衣上。

茶散已五句钟，即归家少憩，既复至校中。晚饭后八句钟，列队出巡。少憩观里机房殿，乃至娄门，所行多小街狭巷，盖正唯此等地方易藏奸宄也。回至护龙街，少憩华严寺。乃至帅君元丙处吃粥。久行于寒露之中，得一沾热浆，自然异常温暖。食毕少坐，遂归校。即假岷原榻以寝。一楼明月，倍觉多味也。

1911 年 11 月 10 日日记

沪上组织有学生军、学生北伐队等，投入者极多，诚以天分中之担负，人人应肩也。苏地亦有发起者，而我校中则寂无其人肯投笔从戎。我校素以雄健称，而若此，对入军之学生同胞当愧死矣。

今日本思再从事巡街，而甚觉腿酸，仍复迟迟归家。办学团所以保卫地方，使军士得尽力于外，无内顾之忧，则我侪虽不从军，亦少尽天职矣。乃因力疲而即不肯勉力从事，尚何云天职之能尽？余素不肯居人后，今若此，转而自笑。

1911 年 11 月 11 日日记

（午后）四句钟，走至校中。同学甚寥寥，前吾校之签名入学团者 36 人。今闻学团须补助军力之不足，将来或有临阵之时，于是众皆惊骇，向学团总机关索还签名单，甚或有主张解散吾校学团者。今虽不解散，唯须重行签名，真愿意者签之，而竟无其人，可笑可叹更可耻也。虽然，当必有其人，不过少数耳。余亦行将签名也。

……晚膳后八钟，列队出巡街，仅 16 人已。巡多时，至机房殿休息，息半钟，绕道至颉刚家，盖颉刚今宵设粥也。食粥毕，更少憩，乃归校。

前日向上海函购《社会报》，今日已寄来。仍假岷原榻，卧而读之。室中仅余一人，一灯红焰，书味君知，此中情味正复不恶。可惜时已下旬，月升渐晚，时还未有月色也。殆倦而思睡，已在十二句钟。

1911 年 11 月 12 日日记

本定今日上课，而同学来校无人，他乡者亦然，人数寥寥，每级只三四人，殊难授课。于是监学决议再停几日。然终日无所事事，东游西荡，欲一翻书则神散不属，如许假期，反觉消磨之难，将置身何处也。我等人恒自命不凡，然不凡者得此假期必大有所作为，如近时或则投身军界，担一分扶汉之责，或则下帷攻学，修将来更进之功，而我于此皆未能也。壮怀自许，亦不敢言矣，羞杀羞杀。

1911 年 11 月 13 日日记

（晨饭）往访笙亚，遇之。谓校中经费已竭，饭已不开，下乡同学只得尽赋归去，而教员亦且家居矣。监学云，待有眉目方始照旧开课。噫，眉目不知何日始有也。如此一蓬蓬勃勃之学校，乃忽然云飘星散，亦至可叹，悬想今年当无受课之日矣。以后我校学团在机房殿聚集，如欲往者，先晚膳而后至此处。学团未散，尚堪欣幸，而思及校中之如是，则顿灭兴。

与笙亚黯然久之，无已，乃同至雅聚啜茗。……企巩谓余校中仆役亦且遣散矣。茶散后，同伯祥、笙亚走访颉刚。……颉刚亦出。至宫巷，与伯祥别。三人同至校中，取所有书籍以归。归时校服、书籍裹于背，如军人之背包，毛瑟枪荷于肩，子弹刺刀亦一并带回也。

1911 年 11 月 14 日日记

（午膳后）即至校中，做军装。既而高等巡警学校、农业中学、浸会中学、元和小学皆相继荷枪而至，于是即合摄一影。事毕后，团长谓今日大集，亦云盛举，盍联合巡行一周，以扬我学团之光。众赞成，乃出发，经都督府、养育巷，至观前而各自为

变革时期的苏州

归。脱去戎服，略憩少时，遂归家。

我苏城学团，今日知并非有解散之明文，不过巡警学堂以将毕业考试故，无心为此，而其余各学堂亦渐渐不高兴，所以有此阴实解散之现象。

1911 年 11 月 15 日日记

都督府的告示

（下午）偕颉刚、中新出，散步街头。过都督府，见有采纳条陈之示：凡任何人有任何主见，皆可陈诸都督；都督辨其善否，善则立见施行。若此则民隐尽通，事当无弊矣，诚美政也。

1911 年 11 月 9 日日记

大汉天声·祝辞[①]

黄鹤楼高高百尺，登楼一呼咸感格。
三吴灵秀肯人后？一夜城头旗尽白。
堪喜同胞醒大梦，更庆长官为将伯。
未流点血飞一弹，妇欢孺悦此改革。
秋山如黛秋风和，日光亦作炎炎赤。
似此佳气何壮哉，天然界亦致欣怿。
然而吾党责方深，黄龙未捣虏未擒。
其余当从根本谋，改革尤须改革心。
心犹旧习新何有，革之惟有痛规箴，
规箴以口亦以笔，口不及笔有远音。

① 江苏《大汉报》第 1 号，1911 年 11 月 21 日，收入《叶圣陶集》第 8 卷改题名为《大汉天声——祝〈大汉报〉创刊》。

叶圣陶九月二十八（11 月 18 日）日记："初一日，吴地有《大汉报》发行，方在征集颂词。余因作七古一首，自抒管识，未能佳也，且复寄去，不知采取与否。该报馆即在可园。"

叶圣陶十月初一（11 月 21 日）日记："（偕颉刚）同之至可园访伯南先生，未遇。而门首已悬有《江苏大汉报》之牌矣。欲购今日之报，仆人对云，至初四始售钱；而今日之报何如可以得阅，则未有对也。"

叶圣陶十月初三（11 月 23 日）日记："今日笙亚购得《大汉报》第一号，余之颂诗早已登出。此诗前日忘录于稿中，夜间即挑灯誊上焉。"

于此乃有大汉报，一朝发现吴江浔。
人心种种恶魔障，直欲举投大壑沈。
时持正论察现势，示人指归激人忱。
吾闻文学产英雄，英雄此日起国中。
报章鼓吹在平日，于此当不为无功。
少数英雄犹未足，无名英雄其实系大局。
大汉报乎须努力，吾有产生无名英雄职。
我更为君进颂言，愿君魂力满乾坤。
起我同胞扬轩辕，保护我自由，
张大我汉魂，世界末日君尚存。

叶圣陶　颂

祝贺孙中山当选为中华民国临时总统

晴光普照，气象宏崇。选举总统一事，为历史所未有，亦民国之光荣。街头巷角，高竖五色之国旗，以庆盛典，而各学校亦停课一日焉。

晨间于平日到校时仍至校中，各同学都活泼泼地，或游戏，或聚谈，似极欢悦于从此脱却君主之恶魔障者。

1911 年 12 月 29 日日记

庆祝民国建立后之第一元宵节补祝新元

后日为民国建立后之第一元宵，理应庆祝，我校势必张灯悬彩矣。顾其费无从出，乃醵资于诸同学，人各五十文焉。收资支付，企巩实董其事。资既集，企巩将出定五色灯，挽余偕往。适伯祥来，即亦挽之偕，过问灯店凡三，而其价始合，定已。天下大雪，伯祥急欲归，余与企巩亦归校。

时封百在阅报室，书玉亦在，无端闲谈，乃颇涉哲理。既而凫岑来，亦兴高采烈，津津有味，谈约有二小时，觉胸中乐不可支也。

1912 年 1 月 13 日日记

阴。以元宵补祝新元，故而停课。

晨起已晚，即至校中，则诸同学方在预备灯彩。运动场之中高竖旗杆，悬五色国旗及校旗焉；更悬小灯十，其色一如国旗。校门以内则遍经五色灯及万国旗，门前杨树一带亦经绳而悬以灯。

饭后笙亚谓："如斯佳兴，当有所以助趣者，盍醵资放花炮乎？"集诸人之助资得 3 元许，乃往购花炮若干。

既而颉刚欲归，乃随之往，向之假《社会杂志》数册，盖彼昨日所购也。仍偕之出，过观前，商店中无不高举国旗。

径至校中，则时已将夜，有人心急，各灯遽燃之火，恍入不夜城矣。旗杆上之灯亦燃以火，因高而小，乃似贯珠。夜膳毕，有三数十人列队提灯出校，余以无操衣亦未入队，然衣便衣提灯而从于队后者亦数十人，余亦为其一分子。穿街过巷，观者塞途，去年之提灯会宁有此真乐哉！行约一小时乃归校，即于门前燃放花炮，观者如堵，爆发声之中杂以"民国万岁"之欢呼声，乐不可支之狂笑声、拍掌声，声声相应焉，亦有半小时乃尽。于是缓缓而歌归。家家门首，尚红灯闪闪也。

1912 年 1 月 15 日日记

吴县教育会欢迎程都督大会

午后为吴县教育会欢迎程都督大会期。程公当武汉举义之后首先响应，姑苏城头一夜悬旗尽白，而人民安枕，鸡犬不扰，公之造福我吴，亦云不薄。而白门一去，病时萦身，继之者非其人，致有金阊兵乱之事，公苟在吴或未致此也。今日旧治重临，其与苏人在名义则为都督，公民在感情则为家人父子，开会欢迎固不以其为都督而始然也。余亦得有入场券，乃赴会，会所在长春巷全浙会馆。余到时客来只小半，历一时许，则一堂人满。既而都督至矣，军乐声鼓掌声俱作，其声莫可名，直是肺腑中一片欢心敬心凝结而成。于是各团体致颂词也，男女学生唱欢迎歌也。都督亦具有答词报之，继此则为演说，演说者凡十余人，殊近敷衍，都难入耳。演说已，乃散会，军乐鼓掌之声复大作如初。余则径自归家。

1912 年 4 月 28 日日记

苏州“光复”周年纪念

第二年（1912 年），地方光复纪念日的晚上，举行提灯会。初等小学校的学童跟在各团体会员、各学校学生的后头，擎起红红绿绿的纸灯笼，到都督府的堂上绕行一周。其时程都督坐在偏左的一把藤椅上，拈髯而笑。

在绕行一周的当儿，学童就唱那练熟了的歌词。各学校的歌词不尽相同，但是大多数唱下录的两首：

苏州光复，真是苏人福。
……
草木不伤，鸡犬不惊，军令何严肃？
我辈学生，千思万想，全靠程都督。

哥哥弟弟，大家在这里。
问今朝提灯欢祝，都为啥事体？
为我都督，保我苏州，永世勿忘记。
我辈学生，恭恭敬敬，大家行个礼。

可惜第一首的第二行再也想不起来了。这两首歌词虽然由学童歌唱，虽然都称“我辈学生”，而并非学童的“心声”是显然的。革命什么，不去管它。蒙了“官办革命”的福，“草木不伤，鸡犬不惊”，什么都得以保全，这是感激涕零，“永世”不能“忘记”的。于是借学童的口吻，表达衷心的爱戴。

《苏州“光复”》

晨起最早。仰视天空，白云如絮，天不作美，何以不放晴光也。早膳毕，即到校，学生仅有三四人在。至九句钟，则诸人均集，乃列队赴王废基。竹栏之外围以兵士，入口在正南面，各团体皆有指定地点，乃即就所指定者而立焉。既而商团也、学校也、何社何会相继入场，大都旗帜飘荡，鼓号互鸣，平日清清冷冷之地，今成人海矣。旋喧传都督至矣，于是军装者举枪吹号，便服者屏息立正，一种嚣声倏焉断绝。都督则戎服坐藤椅上，四人舁之以行，脱帽手中，而频左右顾，登演武厅南向站立，于是各团体一一向之行礼。有致颂辞者，有唱歌者，每一团体行礼，都督必回答鞠躬一二回。都督老矣，体又多病，乃强之如是，真作难之矣。况徒对都督行礼，固毫无光复纪念会之气味也。至一句钟，各团体行礼始毕，乃先后各归。嘱诸生晚间来校，预备提灯，诸生既散，余亦出校。途遇伯祥、彦龙，即偕至桂芳，命饭食之。饭后，友人来者以十数计，团坐一桌，笑谑为乐。四句钟时，散步观前，各店之中人叠如山，无一分隙地，而以妇女为多。街上亦拥挤难堪，盖皆观提灯会者也。而果有提灯者数过，天还未夜，灯已先明，殆心急者欤。余观后急行赴校，途中觉雨点着衣，入校门檐水下矣。诸生皆愀然，仰望若甚懊恼，而复有所希望者，孰知越落越大，偏是不停。乃令诸生归家，且以俟诸明晚，诸生犹迟迟未肯行也。余归家后，饮酒一盏，盖寒气深矣。

今日王废基之兴会，师范学校不与，闻彼校中人云：纪念自纪念，不应向都督行什么礼，旨哉斯言，余之所谓能一想于前者也。

1912 年 11 月 5 日日记

阴。晨起较晚。餐已，至企巩家，与偕过岷原校中。此间昨晚曾出提灯，所有灯彩大半为雨所碎，正召工重制焉。岷原形甚忙，似不暇做闲谈。乃去，而至母校中，则知今晚之提灯决矣。慰萱、中新亦在，乃偕至桂芳，食面代饭。四句钟时往购《独立周报》《教育杂志》各一册，而至校中，学生见天无雨滴落下，早已乐不可支矣。傍晚偕滋伯薄饮酒家，御寒夜也。再返校已在排队，灯尽明矣，持其一，随队以行。天复不知趣，雨又微洒，好在既到街上，断无折回之理也。至都督府入之，则见明灯周布，如缀列星，盖各团体之先我而至者也。既而都督归矣，一众学生均高擎其灯，提起喉咙高唱所谓“提灯会之歌”，而歌中材料则皆赞美都督之词也。都督出轿设席堂上，于是各团体一一与之行三鞠躬礼，呼“江苏万岁，江苏都督万岁”等语。宛如昨日之光景。呜呼，即以学生而论，学生之卑贱，都督之尊严，从可见矣。思想似此，奚不可悲，更有谲者，则就此万人如海中之些些隙地，做舞蹈乐都督，吾校亦其一也。然用力拥挤，才得轮到，已废却一小时许矣。其时更有可笑者，则为立于都督身后之诸人，据他人云，皆军界显人，彼则视都督之笑乐以为笑乐，注此注彼，状颇不暇，闻歌辞中有颂扬语者，则群鼓其掌，殆以为所云至当，而不如此复不足以使都督知都督乐也。哈哈可笑！出都督府，小雨未止，然游行街上遇提灯之他团体至多，兴皆弥高，不以雨而少减也。即母校之队伍，街上曾两遇之，所扎灯彩允称佳妙，观者咸叹赏也。至民政署，堂上悬国旗，学生入向旗亦行三鞠躬礼，礼毕，散队休息。此间备有饼饵，学生人各一袋，诸生得之均乐甚。晤县视学管君小谷言及，昨日、今日之事，君大不谓然，并言此间之悬国旗备行礼者，职是故耳。君之言如是，而自余观之，国旗即为罪恶之表纪，革命我所赞同，革命后之国旗固何有所尊严哉。休息半小时，即列队径归校。此行甚疲，告诸生明日休息停课焉。

1912 年 11 月 6 日日记

辛亥革命二周岁纪念

鄂渚风云，义声载道，民欢其心，世惊其业，似不识有几许莫可名状之事业辉映其后。顾光阴长迈，日月迅流，经斯以后及今两周岁矣。天地依然，市乡无改，乃知向之所念，实由思维未审，欣奋之心胜耳。

晨间入市，然复有高悬五色之徽，或大书其国庆纪念者，殆若辈经此二年岁月，尚未息其惊喜之心，故为此陈设，不则或逢场作戏之意而已。……市中人相谓云：今日东吴大学有提灯游行之举。以是之故，观灯者已肩摩而踵接。商店之内殆为妇女之招待所，柜橱之上盛装列坐，乃如灵山会集天女现身。明电张灯，菊花缀褥，红襟公子，侧帽少年，仆仆往来，意均有注东吴诚解事，特撑此半宵热闹。盖提灯赛会，本题中应有之意，而今日偏只此一家也。不欲辜负其盛意，乃与遹骏辈待于玛瑙经房。久而不至，其时有一女子来购《佛说阿弥陀经》，后嫌非佳刊，另易精本。余曰："此粗者吾购之矣，"众以为异。旋辞玛瑙，中途而东吴队伍来，乃伫观之。东吴人众，人持两三灯，远而望之不相断也，始则导以军乐，节奏殊悦耳。其灯分门别类，如风俗、古迹、物理等均纸制形似而已，殊未能精致。队伍既尽过，人各鸟兽散，通衢犹拥挤难行，特绕道以归。

1913 年 10 月 10 日日记

“双十节”之夜的提灯会

“双十节”之夜，此间止东吴一家提灯。观前街上喧阗特甚，各家商店宛如妇女招待所，明电张灯，菊花缀屋，柜橱之上，艳装列坐，几疑灵山会集。天女呈身，侧帽少年，红襟髦彦，逐队往来，势分滋拥。幸有警备队持枪鹄立，举拳击人，斯安分者尚得行路也。各学校均放假三日，无事遣闲，放假亦属无味。

1913 年 10 月 12 日致顾颉刚信

我所认识的苏州

苏州的政党热

日坐茶寮，同学辈刺刺谈政党、内阁、政府、专制不休，我亦追随其后，相与周旋，至无味矣。一入政党，便富于感情，“某某党”三字之于人，何其有如许神通也。然于广座之中，默聆各人之言论，即可以侦知其隶何党籍，小试侦探术，亦一消遣法已。

1913 年 5 月 10 日夜致顾颉刚信

带敷衍色彩的"纪念"

苏州邻近上海，交通便利，每逢全国有一种什么运动，苏州也往往响应得很早的，然而也不过很早地响应而已，至于沉寂起来较任何地方（穷乡僻壤自然不算）为快，这是谁也看得出的，无庸多言。而且所谓响应，也带着敷衍的色彩，事前既无广泛的宣传，当时也没有激昂的举动，不过"虚应故事"而已。听说最近的"五九"纪念，军警倒认真到场弹压，民众却漠无所知，以致开会时连大中小学生合并起来，只抵及数不满百军警的二分之一（决非到场之后被军警赶回去的）。而各种运动会，水龙会……以至大出丧，却从来没有如此萧索，所以"五卅"周年纪念的时候，逆料也不过有若干人在那里"虚应故事"罢了。

《"五卅"纪念与苏州》,《苏州评论》第 4 期

苏州地方的"妖氛"

去年（1938 年）"八一三"以后，苏州地方也闹过某人某人是汉奸的风说。当时我也暗自揣想，万一上海方面我军失利，寇军到了昆山，某某等人会冒用全体苏州人的名义，到昆山去欢迎他们。希望他们不要糟蹋苏州吧。后来苏州失陷了，从报上看到所谓维持会中人物的姓名，居然有两三个是我预料到的。这批人大都有田，有钱，有玩好，有享用，临到危难，不肯放弃所有，就傀儡登场当汉奸了。顾颉刚先生曾经写信给我，说某苏州的汉奸道："维持会中，某姓甚多，亦见故家大族之鲜克由礼也。"故家大族为什么会这样不争气？就在乎他们有"所有"，把"所有"

看得太重了，“所有”之外的一切当然都丢在脑后了。这批汉奸有一件事，使人听了非常难受，觉得啼笑皆非。他们为了逢迎寇军，在张贴的通告上写上“昭和”的年号，寇军却假仁假义说：“这是你们中国人的事，照旧用中华民国好了。”他们听了哪敢照旧用，结果有一个聪明的汉奸想出了改用西历纪元的办法，据说一直用到如今了。就在这件简单的事上，汉奸心理充分表现出来了。这批人若不消灭净尽，我真耻为苏州人。去冬从宜昌来重庆，在江轮上写一首诗道：

> 故乡且付梦魂间，不扫妖氛誓不还。
> 偶与同舟作豪语，全家来看蜀中山。

我爱故乡，我切盼回到扫尽了“妖氛”的故乡。

《抗战周年随笔》，《抗战文艺》第 1 卷 12 期

不能再唱“三吴文物”“富庶之区”的老调子

现在我们谈到苏州。我们住在苏州，苏州是我们的境界，不该把它认识个清楚么？听别地的人说起苏州，总是“三吴文物”“富庶之区”那些老调子，通俗一点的，便是“上有天堂，下有苏杭”，苏州还在杭州的上头。本地人呢？别的不说，单看上两年兵灾没有轮到，一般人都说“到底苏州地方香烟重，神灵保佑”，这话里就藏着不少的自满的意思。但是，听听这些，就能够认识苏州么？不，决不。流传的老调子，里巷间的浮言，哪

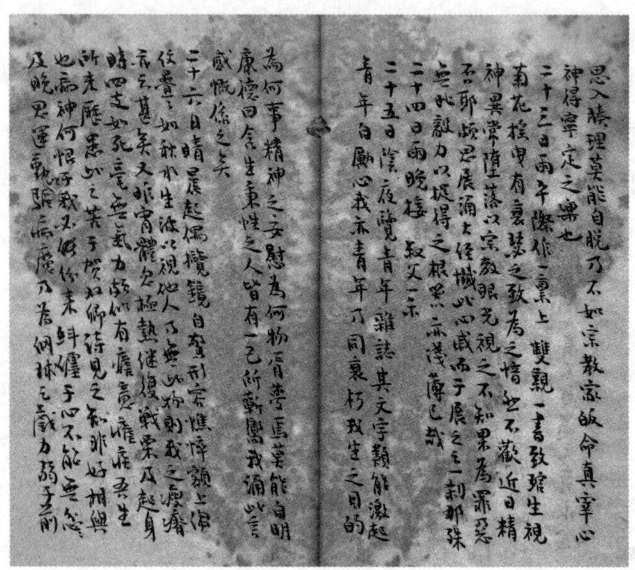

思入腠理莫能自脱乃不如宗教宗皈命真宰心
神得寧定之樂也
二十三日雨午際作一稟上雙親一書致琯生視
菊花枝叟有衰瑟之致為之愴然不歡近日精
神異常墮落以宗教眼光視之不知果為罪惡
否耶頃思虔誦大經懺心戚而于虔之之一剎那殊
無此毅力以堅得之根器亦淺薄已哉
二十四日雨晚接叔父一示
二十五日陰夜覽青年雜誌其文字類能激起
青年自勵心我亦青年不同衰朽我生之目的
為何事精神之安慰為何物胥當焉莫能自明
康德曰含生秉性之人皆有一己所[illegible]我誦此言
感慨係之矣
二十六日晴晨起偶攬鏡自窺形容憔悴額上縐
紋疊疊如秋水生波以視他人乃無此物則我之衰憊
亦已甚矣又非常體忽極熱繼復戰栗及起身
時四肢如死毫無氣力故仍有瘧意瘧疾吾生
所未歷患此之苦矣[illegible]
也病神何恨我[illegible]來糾纏于心不能無怨
及晚思運動騎[illegible]乃看網球之戲力弱于前

叶圣陶与《新青年》

里够作我们的材料。我们要认识苏州，要用我们的眼睛耳朵，去看，去听；要用我们的身体心灵，去经历，去体验，这才会认识它的真实相，恰如其量，不多也不少。

苏州确曾是文明的一块地方，可惜它衰老了，从前的文明跟着它的盛年一同过去。现在有的是古旧的遗迹，仅足供人怀念而已。它也会改装作青年的面目，要想把衰颓的气氛赶走，但是热忱不够，终于露出了它的弓背和皱额来：这只须看市政的荒芜，公共场所的徒有其名，已可了然。更剖析进它的骨里，“贫穷”

和“愁苦”是一副镣铐。从前一年到头的嬉游的盛况没有了，饥寒的呼声几遍于东街西巷。几个所谓绅士握着一切的权力，一些“异途功名”的基督教徒也是“准绅士”，此外什么人都不能透一丝气，开一声口，所有的愁苦只好咽入肚里。可以揣想的到以后的情形是贫穷到了极点，再没有东西来营养这副衰老的筋骨，愁苦到了极点，再没有方法来支持这腔垂暮的心情，除了死，除了灭亡，更不会有第二条路！

让“衰老”的苏州回春光华

苏州既是这样的一块地方，就很容易使我们想起丢开它的念头，丢开了它，可以到旁的青年的壮盛的地方去。但是，这实在是腐败的不道德的思想！我们是走了，不能大家都走，一定有留下不能走的，难道他们就命该守住这快要消亡的地方么？譬如吃一样东西，我们尝了一点，发现这是含毒的，就嘴里的吐去，手里的丢掉，自己走开了。人家不晓得，拾起地上的东西毫无戒心地大嚼起来，结果不是牺牲一条性命，便是沉疴三月，这不是我们的罪恶么？所以尝到了毒物，最正当的办法是先把这毒物毁灭净尽，再进一步，想法制成无毒有益的东西供大家吃。倘若舍此不图，就是腐败，不是不道德！而丢开苏州的念头，正同随手丢掉毒物的情形相仿佛，这怎么要得！惟其衰老，惟其危殆，我们更不该丢开苏州，给它想法，给它将护，是我们最低限度的责任；使它回春，使它光华，是我们要进一步努力的。如果说切身，苏州是我们游钓之乡，室家所寄，最切身不过的了；如果说近习，苏州是我们童而亲之，梦魂所系，最近习不过的了。颇有一班人以为区区小邑，何足道哉，大丈夫自有澄清天下的志概。我们不甘自弃，未尝没有这样的雄心，但是也不愿意附说着说一声："区区小邑，何足道哉。"我们觉得不忘情于本土和有志于四方根本上并不冲突，而且正见其脚踏实地，所谓"四方"，不就是四方人的"本土"么？

《我们的意思》,《苏州评论》第 1 期

1913 年自画像

保圣寺

“如在图画中”的苏州

园林大怡我情

可园

（与颉刚、伯祥同出）至草桥堍，遇笙亚，云伯南先生来，嘱我往可园，盍同往乎。余二人遂亦反辙向可园。既至，则观画梅一帧，山水两帧，尺页一部，皆出自明末遗老之手，唯尽忘其姓名。尺页最佳，对之几疑身入焉。坐有一句钟，乃别可园。天夜矣，月光微露，浮云蔽空。更至校中，寻诸人谈。然二蒋皆不在，杨氏弟兄多情，特出咖啡饮吾三人。时月出矣，高楼明月，何处吹萧，此景堪自豪也。更喜促膝者尽是知己，礼貌全除，笑言洽洽，谈到快处，各捧腹大笑，似此放浪形骸，不让阮生之清狂专美于前矣。归家已九句钟，就灯下观颉刚游记。

1911 年 8 月 9 日日记

1918 年瑞典喜仁龙教授所摄网师园，载 1949 年《中国园林》书中

饭后至可园图书馆，盖昨与伯祥约晤于此。图书馆系近设，乃取旧时学古堂书籍，以充之存书。殊俭且多普通典籍，苏人习于惰偷，弗留心学术之途。此类建设，不过成一点缀品，故其藏书之丰俭亦无足关系也。余既入馆，而取汪容甫《述学》阅之，览其大凡，弥觉愉快。此君谓之通人，堪以无愧矣。既而伯祥、硕民果至，各借书披阅，坐约两时许，更有五人来此观书。余曩见欧洲图书馆之摄影，观书者骈肩接席不可计数，几如一至热闹之会场。而此间乃只此八人，相形之下，可以觇民性矣。伯祥犹

言，今日乃有八人之多，实难得也。

1914 年 10 月 6 日日记

网师园、南园、可园、寒山寺

朝床方醒，颉刚已叩门至。乃偕至彦龙家，则伯祥、硕民、颖年俱在，盖将游网师园也。园在城东阔家头巷，今冯氏居之，其家号子期者，同党友也。故得假访问之，各以恣游览。园中布置极佳，占地无多，而有廻环曲折之妙焉。亭台榭舫都未记其名，而每至一处，往往恋不欲去，红绿梅若干枝，错植池边，落花片片入池，与碧藻争妍，红鲤鱼徐接之，极得佳趣，鱼之乐亦我之乐矣。周览既尽，乃与观止之，叹旋辞子期而出。

路径南园……行至结草庵入之，诸人骈坐桥栏上，观池水溶漾，两浮圆对立池中，则为僧某某之墓，觉幽景弥永。

移时乃行，访伯南先生于可园。登梅山浩歌亭，则香袭衣袖矣。先生即为设面以代饭。食既毕即行，盖尚有寒山寺之行也。途间遇程国臣，亦同行。即出金阊雇驴七，而各骑其一。颉刚为初试，驴跑而颉刚坠，群则大笑，幸无受伤焉。

既至寒山寺，则周读其所悬字画，前数次未及观者，今得一一读之。联甚多，而佳句殊少，亦当为名胜减色。寺僧烹茗出，叶精水清，味至甘也。兴尽，仍跨驴至阊门。途间多旷地与颖羊。国臣联辔驰骋，颉刚惧再坠，故其行至迟迟矣。入城后尽至伯祥家，少憩约半小时，各自分别。

余则仍与颉刚同行，余将浴于汇金泉，即挽之相陪。浴毕而归，灯火已罗列。途间购《民立报》一份，就灯下阅之，知袁世凯已受临时总统之任，决在北京重行组织临时政府矣，呜呼！

1912 年 3 月 11 日日记

沧浪亭

（下午）三句钟，同笙亚、颉刚至沧浪亭，盖传闻水多上岸故也。至则果然，路途尽没水，有半尺之深。是处诸学校中以长凳相连属而通人行。于是亦从凳上行至沧浪亭门口桥上，观东面一带，溶漾可喜。颉刚曰："沧浪之水宜其广也，苟常如此亦是趣事。而于田亩间则勿然，乃大善矣。"旋入沧浪亭，坐亭上。风甚大，披襟当之，殊快也。多时乃下，仍归校。

1911 年 9 月 2 日日记

拙政园[①]

阴雨。晨起后岷原见过小斋。邮使忽送书至，拆视知为颉刚自苏发者，因知彼必以昨日归，乃偕访之于其家，果遇之。

颉刚谓必有所以游散之处，以资我侪之清谈，乃游于拙政园。此园已三年未至，蹊径不殊，犹能仿佛省识。因入南轩而坐焉。

① 拙政园初为唐代诗人陆龟蒙的住宅，元时为大宏寺，明嘉靖年御史王献臣辞官回乡买下，改建成此园，并借用晋代潘岳《闲居赋》中"灌园鬻蔬，是以拙者之为政也"的语境，取"拙政"二字为园名。园内山径水池，廊桥小院，起伏曲折，小巧清雅；古木蔽日，山光水影，极富诗情画意；叠山理水，虽由人作，宛自天开。

此园以水胜，萦迴抱合，可以相通；水之一涯则叠石成山，亭盖其上，而老树茏葱，浓薄高下，因呈各种之绿色。园实不甚大，而不觉其不甚大者，树实为之，结构才思，吴地当推巨擘矣。

坐轩中分颉刚多谈京中事，谓如某君某君自期其有操行者，今则为政党走狗，为嫖界脚色，为报界败类；某君某君昔日自命有干才者，今则吹箫燕市，借贷度日，拷诈饱腹。所谓政府议会，神圣尊严之所，乃独为罪恶坏事之出产地。侦骑密布，而人之生命危矣；兵士载道，而人之心思恐矣。京华首都乃无一片干净土，安乐上真可为长叹息矣。

下午二句钟出园，食面代饭，乃至桂芳。……归后作诗二十韵，纪今日游园事。古诗实不恒作，颇自觉不能满意。

1913 年 6 月 29 日日记

游拙政园归得句二十韵

纤雨值休辰[①]，园游恣[②]幽赏。回沼抱南轩[③]，几窗爱净朗。

小坐神顿清，喻之言难想。环顾卉树森，浓绿弥众象。[④]

稀处现楼台，微风动帘幌。一声鹧鸪啼[⑤]，忽焉聆繁响[⑥]。

---

① 休息日，即星期天。

② 放任，听凭。

③ 在远香堂之西南，三面皆窗，与香洲隔水相望。今设有茶座。游人休憩。

④ 大意为众多景物皆笼罩着一片浓绿。

⑤ 民间向有“鹧鸪唤雨”之说。

⑥ 指“急雨敲林莽”的声音。

乃如蟹爬沙，急雨敲林莽。[①] 此境益静寂，空山或可仿。[②]

颉刚远道归，听雨谈抵掌[③]。直北是长安，[④] 冠盖属朋党。[⑤]

白日妖霾[⑥]现，杀人弃沟壤。[⑦] 鸡鸣上客尊，[⑧] 狗苟公道枉。[⑨]

豪游金买笑[⑩]，乞怜血殷额[⑪]。嗟哉行路难[⑫]，触处是肮脏。

---

① 二句倒装。大意为急雨打在稠密的树上，刷刷的响声，像群蟹在沙上爬行。

② 大意为雨声繁喧，反觉环境更加幽静，仿佛身在空山中。

③ 击掌，形容畅谈之欣快。《史记·优孟传》："为孙叔敖衣冠，抵掌谈语。"

④ 杜甫《小寒食舟中作》："云白山青万余里，愁看直北是长安。"历来用"长安"借指京都，此处指当时的政府所在地北京。

⑤ 冠盖：冠冕和车盖，借指达官贵人。朋党：某些人因私利勾结而形成之小集团。本句大意为做官的都是各个派别的政客。

⑥ 霾：空气中因悬浮着大量的烟、尘等微粒而形成的混浊形象。妖霾：犹言妖氛。

⑦ 圣陶先生1979年致陈次园函谓："拙政园诗中之'杀人弃沟壤'，即指遭袁杀害之陈翼龙，顷忽记起，附以奉告。"袁：指袁世凯。

⑧ 大意为鸡鸣狗盗之辈反尊之为贵客。

⑨ 韩愈《送穷文》："蝇营狗苟，驱之复还。"本句大意为似狗之苟且行事者，使公道枉遭歪曲。

⑩ 指狎妓。刘禹锡《怀妓四首之二》："情知点污投泥玉，犹自经营买笑金。"

⑪ 殷：赤黑色；额：前额。额上沾满赤黑色血污，形容磕头乞怜之状。

⑫ 原为乐府《杂曲歌辞》篇名。《乐府解题》云："《行路难》备言世路艰难及离别悲伤之意。"

何当谢世虑，[①] 摄心息俯仰。[②] 寄情孰所乐？[③] 高歌慨以慷[④]。

相对更无言，旋觉池水涨。初荷碧玉盘，水珠滚三两。

《叶圣陶集》第8卷

晨起后适读西籍，而怀兰见访。留坐少顷，偕过颉刚。……旋偕游于拙政园。甫入门穿假山而俯荷池，则闻有呼余侪之名者，仰眺对面山上，居高有亭，临风三子，则君畴、宾若、蓉初也。即亦趋之是，亭居全园之心，四面轩敞，登而下瞩，全园在目。西南两面树木尤浓黝苍布阴，背后疑耸崇山，当时布置匠心当甚费经营，故得此神趣也。

亭四面多树故无日光，地势高，故受风多，披襟一坐，心暑俱灭。蝉声于心理上分两种感触，暑气侵体意烦念丛时，闻蝉乃益觉其热；而心恬意爽，百虑无击时，则闻蝉而弥益其凉，此时之蝉声，正后之所云者也。

好景殊未忍去，饭亦不须必吃。君畴归饭，复来时携糕团，如干见馈，分而食之，腹斯果矣。围坐闲谈，庄谐杂出，此乐何极，当非复在人境矣。游客特稀，偶来三两，过我亭前皆伫观，移时以去。夕阳由西射来，少少侵我亭，乃出园。至于桂芳，君

---

① 何当：何时当。谢：辞去，此处义同摆脱。世虑：人世间之种种忧虑。

② 摄心：收敛起心思。息：停止。俯仰：低头抬头，喻应对人事。

③ 大意为有何喜爱的事物聊可寄托情意？

④ 意气激昂貌。曹操《短歌行》：“慨当以慷”。

20 世纪 50 年代修复后的拙政园中花园景观。近景香洲船头面南小桥（跳板），远景由左至右为荷风四面亭、雪香云蔚亭、倚玉轩。

畴谓一日之游尚未餍怀，因订明日续游之。

1913 年 7 月 22 日日记

晴。晨起特早。餐已，往会企巩，而赴于拙政园。清早行路可以无热，此最便利者也。入园门，君畴踵至。首趋池边，初荷吐馥，二三蜻蜓止于未放荷蕊上，因风摇曳而不飞去，一燕掠过，则是疾避矣。又同游者一人，企巩同居卫氏之童。今日仍坐昨所居亭中，君畴携一铜笛及棋枰、棋子，余吹秋夜之曲神，悠然而远，环顾万象，一时而静。既而与君畴弈，是真以卵攻石者，余所下子尽受重困，大负焉。

续至者为陶蓉初、尤秩臣，共得六人，同于昨也。于是或作无腔之吹，或敲南窗之棋，啸呼倚卧，唯其所适。但今日之风，不知吹去何方，昨日嘉况，乃不肯重以见惠，是微缺耳。

饭时呼饭，肴于园外之店中，虽无旨酒精食，然名园中吃饭亦是别致。

秩臣善笛能歌，其吹宛转悠扬，使人意也都融，君畴为之按拍，益传神韵。其歌都新词，有警世者，有谐体者，一语出口，诸人则称善或狂笑，此乐又昨之所无也。

诸君时喜周游全园，以为散步。余则坐定一室，不复思动，所以两日游此，实未遍历，非与人谈言，如今日则对弈耳。出园归家已是夜灯照彻。

1913 年 7 月 23 日日记

晨过颉刚所，偕游拙政园。径趋南轩，披襟当风以坐，藕花度馥，弥以为趣。所谈多及文学，而偏重诗词，其语杂沓无统系之可寻，不能记也。唯各举曾入目佳句以相告，语咀之味郁，则吟之再三，叹为奇境，此则亦一乐事耳。园中有菜馆，呼面膝鸭，便充午膳。园中有日本幻师及武技士卖艺，亦就观焉。所演如物随意，隐显等都无足奇，唯实无破绽可见，则手段敏捷，乃如神工。而武士之艺实已可骇，铅线张于上，其人攀以登，初犹步为进退，而状同履地，若无所事；继乃卧巾于线俯，而衔以口，复直立，步履如初。我国之卖艺女有走绳索一技，今观此绳索易矣。其穿其中而过后，然烛杯水其中，上下右左各布利刃，而跃如前亦过之，烛不息，水不倾，体无创也，技亦云胜矣。

1913 年 7 月 30 日日记

颉刚倡游拙政园，遂偕往。仍就山顶之亭，风来无处，暑气胥捐，万木枝头动摇作响，如处松涛万壑。秋树一庵中也，守者烹茶以供，相与酌茗，清谈戏剧、文学，谈助斯多。下午二时出园，买饱于聚丰园。旋转入桂芳。来一庞京周君，久旅申浦，舞台歌榭时相过从，于是从旁默听，复有几许剧谈入我耳官。隔座有伧夫捧报如封奏，引吭朗诵，歉所意时，其声益高。呜呼！是何苦也。

1913 年 8 月 16 日日记

（早餐）后至颉刚家，君以数手卷相示。……既而伯祥、彦龙、硕民至，即共赴拙政园，茗于见山楼之下槛，前屏后回沼互通，屏设一镜，全园景物一一摄入，乃觉幽境无尽。隔池岸边多植修竹，颜曰“潇湘一角”，洵胜地矣。顾暑气复不因而却，真莫奈何耳。碧槛偶凭，菡蓝三两凌波立绿叶之上，乃多红蜻蜓跃逐，似为之点缀者。而树阴所及，则为池鱼弄沫之所，鱼至多，遂嚼水作响。余昔曾有“鱼喁看波碎”之句，此境重逢矣。水上风来，遥度玉笛，更琅琅有随笛之歌声，侧耳以听，神为长往，斯真佳客哉。颉刚谓南曲总不及京调，此言甚是。入于耳感于心，一曲悲歌，令人堕泪。此固京调之魔力，而南曲未之能具也。然南曲文字隽雅，格律精严，有人以保存之亦未可以非之也。饭时小酌一盏，得此片时佳况，亦是可快。

1913 年 8 月 20 日日记

晨过颉刚所，偕赴拙政园。……坐南轩中品茗清谈。风声扞乔木，作洪涛骇浪之声，蝉唱节之若鼓乐，其音一宏一细，弥复可听。每入此园，便得与世暂忘，议论亦俊逸，可惜佳侣暇闲，难可兼备耳。

午后岷原至，幽兴独寻，名园游访，吾辈外盖亦鲜矣。偶步园中，见堂榭方施丹碧，俗光炫目。园欲其疏淡野放，今若此，不已唐突耶。及晚共赴吴苑听稗，后晤诸友于雅聚，更有时，乃归。

1914 年 7 月 14 日日记

（午饭后偕子清、颉刚）游拙政园，坐见山楼下，谈《红楼梦》事迹，复觉兴致勃勃。吾辈生性乖，人人之所喜语，吾皆谢之，独此无益之事，则偏欣然而乐道之。时晚风微送荷香，鹧鸪啼破绿荫，亦复难得之佳景也。

1914 年 8 月 11 日日记

饭后颉刚来，谓拙政园有琴师玉春浦奏技，特相邀偕听之，余即随往。少顷，琴师登台奏技矣。此人为一瞽者，所操为一三弦。调弦既罢，则闻金鼓檀板之声，俨然在歌场舞榭间也。共弹三出戏，曰《空城计》《滑油山》《买马》，徒闻声音粒粒作滚，而其唱之抑扬顿挫，靡不毕具。苟求之于字眼，则弗可得矣。故熟戏剧如颉刚者，听之乃津津有味。他则坐客之中，男女约得二百，而闭目凝神以听者实难觅也。末作时调小曲，军乐兵操，此皆人之所习闻，顿时满堂静寂，倾耳领会。在彼则余技，而人乃以欢喜，赞叹加之，不几令之一笑乎！然其所奏全副军乐，果属尤奇极难。二手之劳，三条之弦，而繁声急管一时并作，可不谓之神技耶。场散即出园。

余思此中理由，殆可仿之作画，以一浓厚之画稿，谓将临作为隽，淡者而不可少矣。其神致则亦先定一色为主，较淡于原稿之色，而其他设色则视原稿以为比例耳。瞽者体静心闲，审音极易。彼既听戏极熟，则亦先定一音为主，余则视戏音以为比例，于是管弦丝竹之烈，而汇之于十指间矣。

1914 年 9 月 5 日日记

晨间伯祥，剑秋来，遂偕访颉刚。……饭后游拙政园，池冻木枯，意极萧爽。池上一轩，今经改造，四壁尽安玻璃，中陈几案，胥属藤制，坐其中则全园在目。倘雪里来此，煮酒清谈，亦胜事也。

1915 年 1 月 16 日日记

新发行的拙政园邮票[①]

苏州园林极多，我幼时常去玩儿的有五六处，去得最多的是拙政园。并非是有什么审美观点和技术素养，只觉得一进拙政园，眼面前样样色色挺舒服挺有味，其乐无比。大概同学们也是这么个情形，所以每逢假日，几个同学一碰头，彼此心照不宣，就往拙政园玩儿去了。

拙政园创建于16世纪前半期，到如今已经四百多年了。全园的面积东西宽，而南北窄。我幼年时只开放中部，可以买票游览。东部和西部都是私家住所，当然不纳游客。直到解放以后，东部西部与中部打通，游人才得以看到拙政园的全貌。

现在知道我国邮电部将在今年6月间发行一套拙政园的邮票，共计四张，我已经看过设计图样，心里异常高兴。我国从古到今，各种各类的艺术品非常丰富，园林是造型艺术中一大部门，苏州园林又是这一大部门中的重要项目，确乎有画上邮票，供全国人民和全世界人民共同观赏的资格，这是我高兴的一点。再一点是这四枚邮票设计得挺好，就放在后边说。

这四张邮票不用照相，不采取照相式的透视画法，而用我国传统的描画山水和亭台楼阁的鸟瞰式的画法，这是颇为高明的。

---

① 1984年6月30日，邮电部发行T96《苏州园林：拙政园》邮票一套四枚。与邮票发行同步，圣陶先生应邀撰写了一篇名为《新发行的拙政园邮票》的述评。圣陶先生自小生长在苏州，他对苏州的一草一木充满了深厚的感情，特别是与驰名中外的苏州园林结下了不解之缘。圣陶先生在此文中对邮票设计方法、每枚邮票画幅中的亭台楼阁做了精致的评述。

照相机照成相片，其原理是透视法，好比一个人站定在一个立足点，用一只眼睛看前面的景物。画家也有用透视法的，虽然用两只眼睛看，不过使视域开阔些罢了，总之与照相相仿，近处宽大，而远处窄小。鸟瞰式的画法可不然，那是处在与景物平齐的位置上看景物，正确表明各个景物的位置和彼此的距离，用透视法无济于事，唯有用鸟瞰法才办得到。这四张邮票的绘制，用的正是鸟瞰法，所以我说这是颇为高明的。

邮票上没有文字说明，我大略说几句，让有兴趣的人把我的简单说明与邮票同看，更增加些兴趣。这四张邮票描述的，三张是拙政园中部的景物，另一张是西部。

七角票（“远香堂与倚玉轩”）下方靠左是远香堂，从堂的东侧朝西望过去。远香堂是拙政园中部的主要建筑，极敞亮。画幅下方靠右是夏天观赏荷花的凉台，朝北望去，宽广的池塘全给荷叶荷花掩盖了，真是洋洋大观。画幅上方靠左的建筑是香洲，游人都叫它旱船，结构和陈设确实像从前苏州的游船。苏州园林里有旱船的不止拙政园一处。

一角票（“小沧浪水院”）画的是远香堂西面和偏北面的景物。画幅上方靠右的亭子，题额是“荷风四面”。夏天亭子围在荷叶荷花之中，这四个字抓住了要点，而且挺有风趣。上方靠左那座楼叫“见山楼”，在楼上可以望见苏州西郊的群山。我国造园艺术中有所谓借景法，取园外的景物为我所用，这座见山楼正是个好例子。

八分票有两张，先说左下方有亭子的一张（“枇杷园景物”）。

这个亭子叫“绣绮亭”，这个所在叫枇杷园，在远香堂的东南面。那里多种枇杷树，花开时候甜香满园，果熟时候红果累累，使游人舍不得离开。

另外一张八分票（“宜两亭前望倒影楼”）画的是我幼年没到过的西部，近三十多年间才游过几回。那条回廊原是中部与西部的分界线。廊的地面时有升高降低，在那里行走别有趣致。画幅最上方的楼房，下层叫“拜文揖沈之斋”，上层叫“倒影楼”。文与沈都是明朝的苏州人，文名徵明，极有名的书法家，沈名周，书画擅长。至于楼名倒影，自然是取楼影映在池塘中的意思。

《集邮》1984 年第 6 期

植园

（午饭后）同颉刚访伯祥。……至五句钟，主客同出，思游植园。至则绿叶鲜花只得于墙外望见之，中央铁门则既闭而又加锁焉，盖开幕尚待至初十也，乃怏怏去之。

1911 年 6 月 28 日日记

（午饭后）同令时、笙亚至植园。由蜜蜂洞后门入，固甚自由，而昨日之欲入而不得入，为可笑也。园中有瓜棚一，杂种瓜类，花之大小虽不等，而绿叶中莫不露黄色之朵。黄瓜藤上则实已尺许，碧条油油，殊堪爱也。棚之中有草轩甚宽敞，有人设茶肆其中。我侪觉甚疲且热，乃亦觅座啜茗，凉风斜拂，果然爽人，竟坐二句钟之久而始行。则环游园中，进学圃中，陈列本园产物于一室，其余厅事椅几皆极精洁，壁间多名人笔迹搨本，乃更休憩观览。少时而出，独至观前，见第五期《小说月报》已到，乃购一册。归即阅之，未及卧时而已读遍全册。

1911 年 6 月 29 日日记

（午后）同棣荪出，至植园，盖已开幕，而售入场券矣。售券而入其中，新造一旱船于荷塘中，殊爽快。既而遇赵孟韬昆弟，乃相与同行参观。

1911 年 7 月 15 日日记

（下午，偕颉刚、中新）至植园，则寂寂佳树，阒无人影。落阳斜照，红彻半天，一溪碧水，溶漾无言。桥头小立，顿有世外之想，而忘却还在大风云之世界矣。农品陈列所已曾竣工，式仿西国，有四层之阁，弥壮丽也。将来陈列完备，当得一观其内部矣。瞻观少时，小憩竹所。竹影深碧，掩映阶前，有无限之幽意焉。坐约一刻之久，乃起立。旋重至校中，即便晚膳。

1911 年 11 月 9 日日记

（课毕后）偕（中新）游植园，自光复后第一日开放也。异花佳树盛似去年，士女如云，宛然盛世光景。若辈殆亦只解欢娱不解愁者耳。桥栏偶俯，皱着一流碧水，抚时感己，怅然以叹。游览既倦，茗于莲西舫，红莲已绽，碧叶正妍，清香时送，意自为远。令守者调藕粉食之，真有泛棹西子湖风味矣。游倦，至王废基，旋即遇企巩、慰萱等。诸人观营中兵士试马，伫立又复多时。

1912 年 6 月 21 日日记

晨起至早。膳事毕，卧读《Sketch Book》，少得佳趣，旋即睡去。颉刚来，梦遂为所破，邀偕过伯祥，从之至，则云近来消遣时光颇得计，每于午刻初过，二三子相过从，偕至植园，择风满处酌茗，逮夕阳既下，则周游园中，风来袭襟，乐复不浅，今日其亦似此逍遥乎，皆以为然。硕民亦来会合，乃至植园，茗于学圃焉，令时先在。正午醉微醺，盖终日居此者也，亦云乐矣。余之来游此也，恒以上午，故游人所遇绝稀，今日则士女如云，鬓衫相错，颜红佳丽，惨绿少年，一一莫遁于余眼帘。一水微波，横塘平路，过板桥而南，尤若辈之集合地也。相识之来者，又有心存、彦龙、圣久诸人。心存乞假归里，明日即将赴职，为述燕子矶风景，令我羡煞。坐约四小时，日已西沉，乃从园之东向西而行，周游一周，觉伯祥所言确是不谬，然寻常游人其足迹每不及园东一部分，同在一园，亦别盛衰奇事。归途过王废基，益觉凉乎其凉。至家食西瓜半枚，凉乃不可言矣。

1912 年 7 月 21 日日记

晨起至早，以大人今日游植园，命侍行也。既至植园，先游览一周，思茗憩微波榭，孰知琴床、茶盎依然俱在，而以时过早，守者尚未起也。乃改趋莲西舫，舫中人方欠伸拭眼，亦起未久者，即就红泥罐为瀹茗一卮。荷风暗至，赤日犹微，听水面鱼跃声，顿忘我身之在何处。坐一小时许，大人至其友人家，余则到玛瑙经房，购《真相画报》第一期一册。

1912 年 7 月 22 日日记

晴。久未见阳光，见之似胸际有无限之畅快。乃往访子明，而偕游乎植园。园中梅英已谢，桃树方花，菜花处处如铺碎金，而蚕豆之花则随地而是，一种清香爽人鼻觉。近复陈列动物多种，有一蛇，粗过于碗盘，于一箱中，仅见其呼气而动其腹部耳，身作褐色而有纹。守者云，一年之中冬季为蛰伏期，不动不食，以其由热带携来也，故必为之取暖于炭火。日来天气渐暖，将近开食，则日必卅鸡子也。有一豹，亦锁笼中，纹颇可观，见人之走近，则必怒目以视，张口以呼，身时不定，有欲脱颖而出之意。山林魔王，野性难驯，处此跼蹐不安之地，宜其有此概也。有猿类多种，或名之曰野人，或名之曰猩猩，未必尽是也。外如狐、狼、山猫皆此间不经见者，鸟类几种则至寻常也。

1913 年 4 月 3 日日记

（午）饭后至于桂芳，诸同学皆欲游植园，而余与岷原则先行。……既至植园，观动物一周，即茗于洋楼。既而诸同学皆至，桂芳茶社仿佛移此矣。三五丽者炫服艳装，或步花丛，或凭碧栏，意欲惹人之注目，而自有一般浮华少年，侧帽窄衫，鼠目犬态，相与乘自由车，品头评足，笑谑相答于其左右。而余侪在旁观之，则觉若辈之一举一动颇鄙俚而可笑，然亦园游之别趣已。游兴即阑，乘便登道山亭，墙上题字多粗陋不堪，白墙铅笔何害于人，而经此狼藉枉用哉。

1913 年 4 月 9 日日记

与颉刚访应千，遇之。……应千留饭，即亦叨他一碗，坐谈多味。乃至三句钟，则偕至于植园。今日适有日光焰火在内，故士女特众。平沙斜路，绿柳高阴，所容纳者尽皆惨绿少年、绯红佳丽，锦伞遮阳、素扇招风。一声似炮，万头齐仰，云端烟散，则现一纸制飞机，御风而下，渐低渐大，不知落向谁所。此盖即所谓日光焰火者矣，似此装置，更何足观，竟倾动全城苏人，骛名于此可见。

茶社厅堂竟无虚座，腿劳天热，苦辛殊甚。立竹林深处，乃有凉风偶至，受之如登乐国，继之闻响凡三，所见亦类前，知无佳胜，乃各径归。卸衣挥扇，得大自在矣。

1913 年 7 月 12 日日记

暑间偕君访应千，其后同游植园，士女如云，繁华在目。盘门一带，素不常经，而孰意重过新桥巷，即为往拜应千之灵也。灵前香花供奉，缟素一堂，多心经伞，阿罗汉牌，罗列成行，殆生天成佛，藉以导引者。焚香虔拜，更瞻遗神，写生手则绝佳，宛当时丰度。回忆春初议游邓尉，吾侪饮啖狂谈，即居此室。君食生鸡子，浮了一暖锅蛋黄，此景尤最不忘怀。岂料当时筵席，今奠桐棺，此中长眠人即当时东道主耶！……

20世纪30年代狮子林湖心亭、真趣亭景观

桂芳茶社近亦萧条，谑笑敲棋，一无佳趣。致余闷坐，欲得娓娓清谈于拙政南轩之侣，乃竟绝无。想望北风，更是思君矣。

1913年9月22日夜致顾颉刚信

下午课毕，偕梦冈、选青及梦冈之尊人游植园。溪封枯藻，树拥黄云，沙路寂寥，游人不及十数。此园自城心诸园开放，遂如老去美人，依然门巷，不胜今昔之感矣。学圃新到动物若干种，入而观之，即数月前曾到者，唯多四脚蛇一种而已。旋度板桥，近眺平林，衰树萧萧之中，乃杂几株红叶鲜艳明媚逾于春花，便觉秋光可爱。过微波榭一带，碧栏已经谁某摧坏，琴台茗座，亦呈圮颓之象，砌畔红鸡冠花殷黯无光，含愁垂首，似悲此月榭风廊都付与蔓草荒烟者。此园闻已归市有，将作为公家花园，则何不佣人修治，存旧规而谋新模，乃一任其三径就荒，器物无存耶。人事不加，天行竞侵，似此碧树平畴，一变为荆藤野草，固至易事耳。

慨叹之余，步至花台，则残花零瓣，犹有余存，择其佳种或取子，或拔根携归。栽植公园之花不可攀折，吾侪所常以语儿童者也，乃已则为之，亦是可笑。

1913 年 10 月 30 日日记

狮子林

（与同窗游狮子林）狮子林名园也。假山布置吴中称第一，惜荒废已久。经草蔓延，亭榭倾颓，无堪徘徊矣。

1912 年 5 月 3 日日记

鹤园

衫履到校，弥增怏怏。闻儿童之欢戏，聆计课之时铃，徒厌厌倦，欠伸随之，没趣极矣。独至鹤园，茗于携鹤草堂，乃得少舒其意志。修发少年，傍镜自窥其首；盛妆佳丽，逢人故正其眸；热客谈时，涎珠飞越；老翁说古，意态横生。吾从旁静观，皆具妙相。足下厌游此种园，上述诸态倘不厌观之乎？其中说稗者，而今易赵筱卿师弟，吾偕伯祥入听之，伯祥盖后吾而至者也。杨斌奎唱殊逊年初，唯垂颈调弦，双眸羞顾，台下群雌目目注恶，几于看杀叔宝，则从中默观，亦多佳趣。足下恶听稗，见吾所云，不且曰此不成家派之说书，亦挂诸齿颊耶？一笑。

1913 年 8 月 27 日夜致顾颉刚信

上课五小时，胸次殊不畅，脚跟亦微痛。自顾必得有以遣我怀者，乃独过鹤园，取途便也。茗于携鹤草堂。默观来者，乃多佳趣。美发少年过镜必自窥其首，盛妆佳丽逢人偏故正其眸，白发老翁笑颜谈旧热诚，狂客抵掌论时，更有牧竖村女牵手往来，如刘姥姥入大观园，目之所接，悉为未经，故一池一榭，靡不瞪目凝注，口不可合。顾余观人形态取为乐观，不知更有观我之状以为乐者耶。

伯祥、硕民、彦龙旋至，即同茗坐。此间亦有歌稗之场，奏技者即年初在金谷之师弟二人，偶与伯祥入场听之。其弟也者之歌喉殊逊当时，然双眸羞顾，垂颈调弦，台下群雌目目直射，卫玠璧人，几于看杀。此则复一耐吾静观之状态也。

1913 年 8 月 27 日日记

与岷原会鹤园，有芳兰胜集因过之，地窄人繁，殊难驻足。钗光粉气，帽影衫风，恶尘扑面，急呼岷原引去。然所谓名兰，亦必得一寓于目，斯不负来游之意。则见棐几高下，彩瓷齐陈，花之名色，吾所弗知，视其瓣，仅辨其与常花殊，或如水仙，或如梅如荷，常花之瓣细长而卷曲。石人宇之曰，柳条此中所列，则绝无柳条也。

1914 年 3 月 15 日日记

半园

晨起后怀兰见过，岷原亦踵至，遂往半园，怀兰未赴也。叔寅、遹骏、伟士先在，乃即茗坐。朝阳当槛，艳焕芙蓉，秋柳藏山，芬飘初菊，数台静默，殊觉不喧。后吴维贤来，乃呼取棋枰临窗为弈，诸人互相对局，或六人共弈一局，兴味似尤浓郁。复得遹骏间为指点，自谓得少进益。游客有吹笛者，声韵清幽，高歌间作，狂态逸情，复堪增趣。一句钟别半园，至桂芳，食面代饭。复与伯祥、蓉初对弈。晚间偕伯祥、彦龙买饮怡怡社，青蛙乳牛绝妙下酒物，不觉颜之酡也。饮毕且出，过怀兰、禹琳于隔座，复坐呼酒，又倾一壶。野风自窗外来，吹面有寒气，遥望街灯，荧荧幽寂，盖夜气深矣。狼仓归途，与怀兰挟持而行，幸不跌倒。到家颓然而卧，便不知我身为何物。

1913 年 10 月 5 日日记

半园最称清静，星期日曾偕岷原何烦辈往游，朝阳当槛，艳拂芙蓉，秋柳藏山，径裁初菊，迎风之榭，不系之舟，均有静意，可以容坐。降格以求，此固庸中之杰矣。

1913 年 10 月 8 日夜致顾颉刚信

畅园

（午后）三句钟时，（与颉刚、臻郊、彦龙、硕民）五人共至于畅园，此盖羡半园、鹤园之盛，继之而开放者。入而游观，则复鹤园之不及。亭榭数处，方沼一凿而已。盖家园小筑，只宜主人宴客或消闲，而供众游览，则未有不形其浅狭者，此园尤其甚也者矣。茗憩入晚，遂出园。

1912 年 8 月 17 日日记

怡园

（午）饭后游怡园，一畅尘怀。三句钟时二子（岷原、颉刚）果来，乃即拔足，至则园门虽设而未关，守者二三，殊不来逐客之令，盖殆以如我侪者，非裹物而逃之流耳。此间亭榭尚是六年前旧相识，寻径时误，对花忆昔，壁间书画都非曩所见矣。荷厅近正修葺，妆饰殊丽，立对山以望，则相与叹曰：绣闼雕栏，非不豪富气象，然置之园林，园林逊色矣。周览各处辄相与品评，曰此处宜开筵，此处宜独酌，此处宜读书，此处宜静卧。终则坐憩于一亭，鸟语四围，凉风一襟，复慨然谓曰：园林静住，亦大怡我情，人生得此，云何不乐。顾乐志有论，买山无钱，奈何哉！废然而出。

1912 年 6 月 9 日日记

留园与西园

早餐已略阅小说，更提早午膳。膳已即到校，诸生均穿齐操服，静待出发矣。制操服者仅 60 人，故与于远足者亦仅此数。既出校门，烈日暴背，如服火衣，以热致渴，以热致汗，真苦远足矣。学生队伍步履不能捷，喜捷步者如余而强使缓行，尤觉苦恼也。既至留园散队游览，导引照顾分四小队，各择一队长任之，余侪颇省几多心思。此间余亦久未来游，亭榭厅堂往往不识东西，信足所至，则辄觉为似曾相识。楹联序记一一读之，亦复忆曾过眼，唯佳者实无多耳。有丽者五六，作时世装，翠点称体之衫，红绡盘胸之结，盘龙远山，远雾颓云，髻式各个不一；而要得其姿，湘裙六幅，蛮靴作响，后从一苍头，相与姗姗而来。至莲池东畔水榭，则团坐一桌，苍头出其所携酒核水果，笑语食之，若辈殆仙中人，何其有此清趣也。注视久之，则有湖州旅沪公学旅行来此，分男女生两部，都四百人。湖地多丝业富商，经商客地，宜有此宏大之学校也。游览既倦，折往西园，此地人一多即觉乏味。回思前数月偕颉刚来此时，余二人外别无游客，益觉幽景静致为独得矣。倚池畔偶得五绝一首，即心记之。归途复折入戒幢寺，大雄宝殿重建已具，结构彩饰未施也。于是入侧院参五百罗汉，学生见之惊为奇异，其实妍丑何有真哉。参毕即出寺。夕阳在山，阿黛桥畔正热闹时候，珠帘挂起，轻唤邻家姊妹来看小学生，亦趣事已。入城到校，电灯已燃，即自归家。腿微酸矣。

1913 年 5 月 17 日日记

晨至慰萱所，与偕至易安茶社，伯祥辈都在焉。……慰萱倡议为出郭游，伯祥及余赞同之，因由胥门而至阊门，茗于福安。茶罢饮于宝裕，吾苏酒家，此为第一，其酒陈而醇，与市中暴躁之品大异也。陆君蕴玉，慰萱之素识，忽然相遇，因邀共饮。猜拳赌酒，各以醺然。

酒罢游留园，二陆觅座清谈。余与伯祥周游全园，见二姬折花枝，呼之与语，则醉态可想矣。入城，经旧过门巷，桃花含笑，人面依然，慰萱乐不可支，亦见清狂逸志也。

1915 年 3 月 23 日日记

晨访品纯于其寓所，即与偕过同甫，坐少顷步出胥关，驱车达留园。涉林成趣，憩荷池畔小榭，蝉鸣鱼跃，真意盎然。处境既适，妙语泉涌，此乐不恒有也。

饭后游西园，参五百罗汉宝相。继游寺旁园筑，一水涟漪，俗怀都涤。池中有鼋及鲤鱼，购饼饵投之，争来啄食，可为笑乐。但一念含生逐逐都为口腹，则复成何趣。唯彼鱼鼋争食不得，便掉尾他去，仇视报复非其所解，人类比之堪以愧怍耳。

出西园，与品纯别于阊门，君明日便解维归去，重见当在开学以后也。与同甫别于黄鹂坊桥，遂独至桂芳，及晚便归。

1915 年 8 月 2 日日记

遂园

（晨）颉刚来，即偕往遂园。曲廊回度，折治沦漪，莲花犹盛，立曲桥上可领略香风也。叠石山一角，画舸形室，亦称精美。顾微觉未称，其他堂榭，多设茶座，布置设局似绝无匠心者。如鹤园、畅园等固未足以过之，而拙政园之深敞，留园之堂皇，此皆未足与语也。后见遹骏及蒋仲远茗于某厅，亦就之以无足深玩，旋即出。过一古董肆，悬王小梅画一幅，芭蕉之下一美拈簪，若有所思，其余设景，其亦均幽雅。遹骏辨其非赝，遂购之。余亦得印石两方，价极廉，逷骏谓确昌化也。

1913 年 8 月 26 日日记

晴。终日游园，易地凡三。侍大人则于遂园，偕慰萱、叔寅、禹琳则于拙政、鹤园，兴亦豪矣。特分志之。

遂园开放，大人耳其胜命，今晨侍往。到时至早，花坞柳榭独有朝阳。未熟炉茶，暗闻花气，乃傍槛拂座，徐待烹茶。是园自余观之，虽未称胜，而藕花池塘，拙政以外最称宽敞，田田碧玉，盈盈红妆，凭栏小望，景极清新，固亦有足取也。其后慰萱辈至，大人将往友家，遂先出。余遂倡议游拙政园，均同意，乃行。

拙政萧疏清远，识景往游其人已复不俗。遂园之类正似暴富儿郎，不无尘气，出彼入此，感念自殊。水涯山角，静置吾身，几疑荒江老渔，穷岩介士，不自知为城市人矣。后茗于石舫，花香沁鼻，远岸回环无限，碧云苍茫满眼，复似水云乡野航中也。食所悬对联尽出名家，一一品评，以为笑乐。食点心数事，用饱午腹。三句钟，则又在鹤园茶熟香温之室矣。

鹤园非取其景，苦茗一壶，譬在桂芳则户牖杯具似略精也。书场内筝琶儿既响，复入而听之。听既，终至桂芳，颉刚在，乃与偕至其家小坐，盖君行期在此五日中矣。

1913 年 8 月 31 日日记

惠荫花园

下午课终，偕选青游于惠荫花园。园属于安徽会馆，近始放

20 世纪 50 年代怡园整修后的曲桥、水池

人游览。幼时曾一二回往，今已不复省悟矣。是园之妙在叠石及楼，观选石既精，匠心独运，峥嵘突兀之际，忽现一洞，黝然而黑，中有流泉，石凳卧焉。游人试入之十数步已不敢行，卒无穿过之者，斯亦奇耳。园西一山，则气格又易，望之一片灵秀，有招致仙人之概，回廊复室，结构离奇，向壁矣，转身复现一室，似有门径，却不可通，每出人意想以外，动人羡叹之思，少不留心，或将为醉入怡红之刘姥姥也。

园中有影戏、动物陈列所等，皆未往观。而游客熙熙，正纷至而沓来。然投机营业，最宜八面俱顾。时已秋老，木落溪寒，载酒园亭，开轩赏雪，固雅士之闲情，而岂鹤园、遂园之游客之怀哉。故今虽热闹，徒一时之盛，数日以往，吾见其苔封鹤径、草藉琴台耳。虽有影戏之类，未必能为之助也。

1913 年 10 月 2 日日记

虎丘

……伯祥谓：“此地至虎丘近矣，盍并往游之？”皆以为然。乃折而向虎丘，盖有塔，以为标准也。所行皆田岸，曲折多回，殊非直线。既而遂至，入山门，迟迟前行，若试剑石，憨憨泉、真娘墓等名迹，皆略为摩挲而徘徊。余至此在二三年前，未能周悉，此次较为得之矣。由千人石上五十三参，入大殿，而至于塔下，伫立少顷，望剑池而后下。山门多丐者，见人出则环索钱，我侪不之与，乃喃喃詈人，无如之何，不理之而已，可怜亦可恨也。乃循山塘而行，秋来水满，今虽渐退，然尚与岸齐，溶漾一碧，小舫泊岸边，疏柳行行杂出，屋舍比栉之间，顿令我思西湖六桥间风景，此地当仿佛似之。七里塘长行，行未尽，足力乃觉少疲。塘过至马路，入福安，则茗客满座，无容足处。更入日升楼，亦如之，尚有一桌空，乃即占焉。急阅报纸，则亦大略如昨日，无特别有关系事。阊门西去，盘马路，一树垂柳，一画楼，帽影鞭丝，马龙车水。若此情景正是混忘万事，殆不知有惊天动地之众英雄，于此时正在龙吟虎啸也。我侪来自清爽世界，入兹热闹场中，难以久留，因即缓缓歌归。然腹已再枵，遂入四时春食点心数事。食毕入城，则已全乎入夜电炬耀光矣。至察院场与伯祥别。过观前购《小说月报》第七期一册，而别颉刚于醋坊桥。

1911 年 10 月 22 日日记

洞仙歌·赠陈从周[①]

从周所编《苏州园林图册》，

宝之将二十年。近屡承贶以手绘图画幅，

并叙入词中。偕游苏州，则来书中语也。

园林佳辑，已多年珍玩。[②] 拙政诸图寄深眷。想童时、常与窗侣嬉游，踪迹遍、山径楼廊汀岸。今秋通简札，[③] 投甓招琼，妙绘频贻抱惭看。

① 叶圣陶 12 月 6 日日记："三日接陈从周赠画，其书中有希余赠与诗词之意。昨今构思，迨于傍晚而成《洞仙歌》一首。且书之于左方，缓数日再事斟酌，然后寄与。"次日日记："写昨日之词寄陈从周，仅改二字。一事总望了之而后已，昨虽云'缓数日'，而实未缓也。"

② 圣陶先生自注："从周所编《苏州园林图册》，宝之将二十年。"

③ 指从周先生与圣陶先生通信始于 1974 年 11 月 16 日。圣陶先生是日日记："接陈从周信，并所画红梅一幅，系以高丽笺乾隆朱画之，颇不错。前平伯为陈代托写字，余书近作观《成昆铁路》影片之一律交平伯转与之，今则直接来函通问也。彼言前到角直，知为余旧游之地。又言希望他日偕游苏州园林，彼固以研究园林布置著称者也。"

古趣写朱梅，兰石清妍，[1] 更风篠[2]、幽禽为伴。盼把晤、沧浪虎丘间，践雅约，兼聆造形精鉴。

《艺术世界》1980 年第 1 期

陈从周惠墨竹赋此酬之[3]

古来妙手善用墨，墨着纸时化众色。
古来墨竹为专门，露叶风枝落墨得。

陈公贶我墨竹图，神与古会笔自殊。
语我苏州近重访，写此一景亦堪娱。

览图顿忆故乡胜，无问网师或拙政。
廊角栏边阶砌旁，每见此景发清兴。

《叶圣陶集》第 8 卷

邓尉四古柏

欣看四柏如前度，荣茂若将历万春。

---

① 圣陶先生 11 月 26 日日记：“陈从周来复信，又赠余兰竹山石一小幅。书中云其纸为乾隆纸。此君殆好古有癖者。作复谢之。”

② 圣陶先生 12 月 3 日日记：“今日又接陈从周赠鸟竹一小幅。”风篠：风吹细竹。

③ 叶圣陶 1976 年 2 月 21 日日记：“今日他无所作，仅作成一诗，酬陈从周赠余墨竹。即书于其寄来之笺上寄与之。”

拓地移墙瞻眺畅，[①]除虫摘子护持勤。[②]

放逸二评出定公，传神得要我从同；
只嫌体物微疏略，未辨殊形柏与松。[③]

《叶圣陶集》第8卷

苏州园林

苏州园林据说有一百多处，我到过的不过十多处。其他地方的园林我也到过一些。倘若要我说说总的印象，我觉得苏州园林是我国各地园林的标本，各地园林或多或少都受到苏州园林的影响。因此，谁如果要鉴赏我国的园林，苏州园林就不该错过。

设计者和匠师们因地制宜，自出心裁，修建成功的园林当然各各不同。可是苏州各个园林在不同之中有个共同点，似乎设计者和匠师们一致追求的是，务必使游览者无论站在哪个点上，眼前总是一幅完美的图画。为了达到这个目的，他们讲究亭台轩榭的布局，讲究假山池沼的配合，讲究花草树木的映衬，讲究近景

① 四柏之东南两侧将各拓宽八米。
② 有小蜘蛛为害，以时洒药液除之。见老工人摘柏实，询之，答称以免徒耗养料。
③ 龚定庵《说京师翠微山》言不能忘翠微山龙泉寺之四松，下云："昔者余游苏州之至邓尉山，有四松焉，形偃神飞，白昼若雷雨。四松之蔽可千亩。平生至是，见八松矣。邓尉之松放，翠微之松肃；邓尉之松古之逸，翠微之松古之直；邓尉之松殆不知天地为何物，翠微之松天地间不可无是松者也。"

远景的层次。总之，一切都要为构成完美的图画而存在，决不容许有欠美伤美的败笔。他们惟愿游览者得到“如在图画中”的实感，而他们的成绩实现了他们的愿望，游览者来到园里，没有一个不心里想着口头说着“如在图画中”的。

我国的建筑，从古代的宫殿到近代的一般住房，绝大部分是对称的，左边怎么样，右边也是怎么样。苏州园林可绝不讲究对称，好像故意避免似的。东边有了一个亭子或者一条回廊，西边决不会来一个同样的亭子或者一道同样的回廊。这是为什么？我想，用图画来比方，对称的建筑是图案画，不是美术画，而园林是美术画，美术画要求自然之趣，是不讲究对称的。

苏州园林里都有假山和池沼。假山的堆叠可以说是一项艺术而不仅是技术。或者是重峦叠嶂，或者是几座小山配合着竹子花木，全在乎设计者和匠师们生平多阅历，胸中有丘壑，才能使游览者远望的时候，仿佛观赏宋元工笔云山，或者倪云林的小品，攀登的时候忘却苏州城市，只觉得在山间。至于池沼，大多引用活水。有些园林池沼宽敞，就把池沼作为全园的中心，其他景物配合着布置。水面假如成河道模样，往往安排桥梁。假如安排两座以上的桥梁，那就一座一个样，决不雷同。池沼或河道的边沿很少砌齐整的石岸，总是高低屈曲任其自然，还在那儿布置几块玲珑的石头，或者种些花草，这也是为了取得从各个角度看都成一幅画的效果。池沼里养着金鱼或各色鲤鱼，夏秋季节荷花或睡莲开放。游览者看“鱼戏莲叶间”，又是入画的一景。

苏州园林栽种和修剪树木也着眼在画意。高树与低树俯仰生姿。落叶树与常绿树相间，花时不同的多种花树相间，这就一年四季不感到寂寞。没有修剪得像宝塔那样的松柏，没有阅兵式似的道旁树，因为依据中国画的审美观点看，这是不足取的。有几个园里有古老的藤萝，盘曲嶙峋的枝干就是一幅好画。开花的时候满眼的珠光宝气，使游览者只感到无限的繁华和欢悦，可是没法细说。

游览苏州园林必然会注意到花墙和廊子。有墙壁隔着，有廊子界着，层次多了，景致就见得深了。可是墙壁上有砖砌的各式镂空图案，廊子大多是两边无所依傍的，实际是隔而不隔，界而未界，因而更增加了景致的深度。有几个园林还在适当的位置装上一面大镜子，层次就更多了，几乎可以说把整个园林翻了一番。游览者必然也不会忽略另外一点，就是苏州园林在每一个角落都注意图画美。阶砌旁边栽几丛书带草。墙上蔓延着爬山虎或者蔷薇木香。如果开窗正对着白色墙壁，太单调了，给补上几竿竹子或几棵芭蕉。诸如此类，无非要游览者即使就极小范围的局部看，也能得到美的享受。

苏州园林里的门和窗，图案设计和雕镂琢磨功夫都是工艺美术的上品。大致说来，那些门和窗尽量工细而决不庸俗，即使简朴而别具匠心，四扇、八扇、十二扇，综合起来看，谁都要赞叹这是高度的图案美。摄影家挺喜欢这些门和窗，他们斟酌着光和影，摄成称心满意的照片。

苏州园林与北京的园林不同，极少使用彩绘。梁和柱子以及门窗栏杆大多漆广漆，那是不刺眼的颜色。墙壁白色。有些室内墙壁下半截铺水磨方砖，淡灰色和白色对衬。屋瓦和檐漏一律淡灰色。这些颜色与草木的绿色配合，引起人们安静闲适的感觉，而到各种花开的时节，却更显得各种花明艳照眼。

《〈苏州园林〉序》

“真像到了世外”的山水

阊门

（午饭后）出至桂芳。君畴、仁侯欲至江苏银行，贮蓄学童贮款，余与偕行。阊门近矣，便出其阛阓，徘徊马路间，胶轮飞处，人趁春游此中，人殆皆有此间乐不思蜀之想焉。游倦歌归，脚力殊疲，腰际尤隐痛难堪，真不似少年人体态也。

1915 年 2 月 22 日日记

饭已至蓉初所，共出阊门，观喜泊度马戏，盖前约也。场中垂幔障天，围板作座，以前后分等次，余侪则入第三等。即开演，红粧翠马，蝶舞莺歌，至为神怡。有大力士者，察其肤色，当为印度人，加千斤石于腹，犹益以二马，弗觉汗怯，是诚神力矣。

1915 年 3 月 16 日日记

晨至慰萱所，与偕至易安茶社，伯祥辈都在焉。……慰萱倡议为出郭游，伯祥及余赞同之，因由胥门而至阊门，茗于福安。

茶罢饮于宝裕，吾苏酒家，此为第一，其酒陈而醇，与市中暴躁之品大异也。陆君蕴玉，慰萱之素识，忽然相遇，因邀共饮。猜拳赌酒，各以醺然。

1915 年 3 月 23 日日记

天平山观枫

晨梦醒来，天尚未大明，而后门铃声已响，急起开之，果为颉刚。举头望天，净无片云，而微有风吼。大人云如此风势，山中当益甚，其毋去为妙。余不听，徒以好游心胜，竟即同颉刚行，有辜父母爱子之心矣。

行至伯祥家，伯祥已起，其伯其弟亦皆起，云皆有兴，将同游也。少顷即启行。途间食牛羹及大饼以充晨膳，食已，饱而且温，居然旅行态度矣。

出阊门，日已大明。四十五标营前方在上操，大概皆新招者，操法尚在初步也。至枫桥镇，更购饼肉以备糗囊之实。即上江村桥，则所行悉田岸，水集乡村，所过甚多，犬吠过客，鸡啼晨光，在在有致。

约一句多钟而至毓秀桥，则将上山矣。乃先觅茶寮，且少憩而解渴。坐有顷，乃登山为支硎，竟自辟新径，不循旧路而登。旋至其最高峰，适遇樵妇，问其至天平可从此行否？云不能。然不之顾，且冒险为之。

行行渐下，越巨石无数而达天平之背，乃即复登，然径益险，苟失足者，真将成千古恨矣。贾勇而前，竟到上白云，一望则枫树红如霞，松柏碧于玉，天风浪浪，胸为之快。长啸数声，得七绝一首。

坐地有顷，乃循正路下。过中白云，寺门紧闭，想僧未归也。至云泉精舍、高义园，皆未入，径从潼梓门而下山。时日隐云封，途次竟飘雪花，今冬初见也，然旋即止，惧其再下，乃加快其步履，三句钟时已复在枫桥矣。乃入茶肆憩息约半小时之久，乃更行。……夜间将所得七绝写于稿中。

1911 年 12 月 6 日日记

石湖

饭后余谓藩式、颉刚有兴往石湖一游否，彼二人皆欣然从。乃

1920 年左右的石湖

即起脚出胥门，走横塘，行约句半钟，而至九环洞桥。登桥一望，水平如镜，远岸一条绿，顿疑西湖重游，且右方楞伽塔边一带，景色又酷似保叔塔，而山下之路弥肖白堤焉。立有顷，入海潮寺。寺在山高，有若三层之楼，推窗纵目，爽风时送。老衲送烹茶出，状甚真挚，乃少赠以香资，坐一句钟，出寺而上山。本拟由七子山下，孰知误途而由梅湾山下，然所过多松径幽涧，静雅异常，亦足豪矣。由田岸曲折行约三四里，则仍至九环洞桥，方知适所行成一大环形也。时则日下西山矣，乃急就归途。至胥门已灿然灯火，至家则八句多钟矣。山行时口占得两律，即以誊诸稿中。

1911 年 7 月 3 日日记

晨往岷原所，而叔寅所，而禹琳所，平日同游复叙一处矣。……饭于餐馆。食已，叔寅谓：胥关在望，盍出城以眺山色。皆以为然。乃缓步以行，沿河观舟人捕鱼，畜水鸟十数，嗾之入水，使衔鱼以献。顷刻而得鱼七八尾，皆银鳞也。

农人均持耜以翻土，或则播种菜秧，造化大力，运行无止，即如斯土获此植，彼曾无休时也。横塘行尽，皆谓石湖且至，并可赏玩。索前行，晴霭弥空，山苍水媚，遥村密宇，红叶未凋，得于此中偷闲散步，益吾身当亦匪浅。既达石湖，入海潮寺，辛亥年与颉刚、藩式曾游也。当日老僧矍铄犹是，而唯多颔下之须，承其多情，烹茶相施。问其居此状况，则云村郭之间无有应赴之事，末法昌披复稀礼，佛之人昼日烹茶餐饭，一卷华严而已。聆其所语，亦缁流之慧者也。凭栏纵眺，移时请僧导观石佛，凿山作殿，琢石为龛，莲花宝座及妙严佛系以一石造成，亦圣迹也。

1913 年 11 月 30 日日记

遂园与汪氏耕荫义庄

晨，过叔寅寓所，与偕游遂园。荷梗骨立，柳条枯干，山林亭榭都有睡去之容，唯廊下冬日，颇煦然可爱。即就茗憩并醉饱焉。

1914 年 1 月 1 日日记

晨至岷原所，与偕访遹骏，论书说画，乐乃无伦。留音机置座侧，机括拨时，清歌斯发，遏云绕梁，譬此情致已。慰萱、伟士后至，相聚为谐语。一字之生动，笑乃弗可仰，此种乐事，殊未易得也。

饭后诸人齐至遂园，观春兰之雅，集粉痕鬓影，绕眼欲花，驻足周行都难自主，匪是看花，实选色场耳。最后于廊侧占得一席，始得坐。此际之欣幸，虽南面，亦莫是过。俯视山下游人，结队联肩，齐来朝觐，美而雅者，丑而艳者，悉览无遗，靡所遁形。他人盘桓许久，未得一椅，未始不艳羡余侪也。

汪氏耕荫义庄与遂园为邻比。伟士与汪氏亲，适遇汪之族人，因乞导往，观庄中园景。既至，仅见一小山流水绕之，余则四面楼观耳。及入山，景乃绝奇，有临流之绝壁，有孤立之石磴，有石屋二，有悬梁。盘旋而上，为途甚修。山顶有大树，植根石隙，得土弗多，而绝荣茂，亦奇也。相传此山及狮子林、安徽会馆假山，并偕出倪云林手。占地弗广，而为径甚行，此其妙处也。

1915 年 3 月 21 日日记

楞伽山

昨与诸友有楞伽山之约。颉刚既来，即偕过子清，再同至伯祥所。而剑秋、蓉初已先在，乃各买酒及馔，携之出城。久不向郊原丽景中寻生活，真觉心神一新，城市之所饮博之事，诚敝神之物也。过横塘税局，蓉初入省其父，乃同入。其父为雇一舟，令乘之，用代徒步之劳。入石湖，泊舟登山，纵眺移时，返舟小酌，乐极！乐极！

1916 年 2 月 13 日日记

到昆山修学旅行

晨阴。九句钟时，偕和钧、品纯、景岐三君及高等级生 24 人，附赴宁车至昆山，盖修学旅行也。既达，憩于电灯公司，并饭焉。校长庄君之介弟在公司为执事，故得此优渥之招待。

饭已少顷，指昆山而行。此山甚卑小，每从汽车中望见，才如一土阜，今来近观，亦略具景趣。拾级而登，学生均勇往，余已喘息甚促，几步一停顿矣。

既造极，憩华藏寺。寺中有浮图，为是山之冠。其时风声大作，急雨继至。佛殿静听，别成境界，品纯得句云“听风听雨宜山寺”，殊写实情也。某生未尝登山，今来此间，俯瞰行人，讶曰：“何人之小也。”和钧因吟曰：“山高人形小。”余急续吟曰：“风急语声低。”自谓亦能写实矣。

坐良久，雨犹未止，乃冒雨下山。径润磴滑，仆者踵接，余幸得免。晚四句钟，吾身复在沪上汽车，真便利也。

1915 年 4 月 25 日日记

陪白采到沧浪亭和文庙写生

（1922 年）我从甪直搬回苏州，一个晴朗的朝晨，白采君忽地来看我。先前没有通过信，来了这样轻装而背着画具的人，觉得突兀。但略一问答之后，也就了然，他是游苏州写风景来的。……坐了一会，他说附近有什么可看的地方愿意去看看。我就同他到沧浪亭，在桥上望尚未凋残的荷盖。转到文庙，踏着泮池上没踝的丛草，蚱蜢之类便三三两两飞起来。

大成殿森然峙立在我们面前，微闻秋虫丝丝的声音，更显得这境界的寂寥。我们站在殿前的阴影里，不说话。白采君凝睛而望，一手按着内装画板的袋子。我想他找到画题了吧，看他作画倒是有味的事。但是他并不画，从他带笑的颧颊上知道他得到的感兴却不平常。

《白采》

偕王统照游洞庭西山

（1936 年）4 月 23 日，我从上海回苏州，王剑三兄要到苏州玩儿，和我同走。苏州实在很少可以玩儿的地方，有些地方他前一回到苏州已经去过了，我只陪他看了可园、沧浪亭、文庙、植园以及顾家的怡园，又在吴苑吃了茶，因为他要尝尝苏州的趣味。25 日，我们就离开苏州，往太湖中的洞庭西山。

洞庭西山周围一百二十里，山峰重叠。我们的目的地是南面沿湖的石公山。

上午八点，我们出胥门，到苏福路长途汽车站候车。苏福路从苏州到光福，是商办的，现在还没有全线通车，只能到木渎。八点三刻，汽车到站，开行半点钟就到了木渎，票价 2 角。经过了市街，开往洞庭东山的裕商小汽轮正将开行，我们买西山镇夏乡的票，每张 5 毛。轮行半点钟出胥口，进太湖。以前在无锡鼋头渚，在邓尉还元阁，只是望望太湖罢了，现在可亲身在太湖的波面，左右看望，混黄的湖波似乎尽量在那里涨起来，远处水接着天，间或界着一线的远岸或是断断续续的远树。晴光照着远近的岛屿，淡蓝、深翠、嫩绿，色彩不一，眼界中就不觉得单调，寂寞。

《记游洞庭西山》

真像到了世外的西山镇夏乡

十二点一刻到达西山镇夏乡，我们跟着一批西山人登岸。这里有码头，不像先前经过的站头，登岸得用船摆渡。码头上有人力车，我们不认识去石公山的路，就坐上人力车，每辆 6 毛。和车夫闲谈，才知道西山只有十辆人力车，一般人往来难得坐的。车在山径中前进，两旁尽是桑树、茶树和果木，满眼的苍翠，不常遇见行人，真像到了世外。果木是柿、橘、梅、杨梅、枇杷。

梅花开的时候，这里该比邓尉还要出色。杨梅干枝高大，屈伸有姿态，最多画意。下了几回车，翻过了几座不很高的岭，路就围在山腰间，我们差不多可以抚摩左边山坡上那些树木的顶枝。树木以外就是湖面，行到枝叶茂密的地方，湖面给遮没了，但是一会儿又露出来了。

《记游洞庭西山》

石公山特别玲珑的山石

十二点三刻，我们到了石公饭店。这是节烈祠的房子，五间带厢房，我们选定靠西的一间地板房，有三张床铺，价 2 元。节烈祠供奉全西山的节烈妇女，门前一座很大的石牌坊，密密麻麻刻着她们的姓氏。隔壁石公寺，石公山归该寺管领。除开一祠一寺，石公山再没有房屋，惟有树木和山石而已。这里的山石特别玲珑，从前人有评石三字诀叫作"皱、瘦、透"，用来品评这里的山石，大部分可以适用。人家园林中有了几块太湖石，游人就徘徊不忍去，这里却满山的太湖石，而且是生着根的，而且有高和宽都达几十丈的，真可以称大观了。

《记游洞庭西山》

夕光洞、明月浦、来鹤亭、翠屏轩、归云洞

吃罢午饭，我们出饭店，向左边走，大约百步，到夕光洞。洞中有倒挂的大石，俗名倒挂塔。洞左右壁上刻着明朝人王鏊所写的寿字，笔力雄健。再走百多步，石壁绵延很宽广，题着"联云幛”三个篆字。高头又有“缥缈云联”四字，清道光间人罗绮的手笔。从这里向下到岸滩，大石平铺，湖波激荡，发出汩汩的声音。对面青青的一带是洞庭东山，看来似乎不很远，但是相距十八里呢。这里叫作明月浦，月明的时候来这里坐坐，确是不错。我们照了相，回到山上，从所谓一线天的裂缝中爬到山顶。转向南往下走，到来鹤亭，下望节烈祠和石公寺的房屋，整齐、小巧，好像展览会中的建筑模型。再往下有翠屏轩。出石公寺向右，经过节烈祠门首，到归云洞。洞中供奉山石雕成的观音像，比人高两尺光景，气度很不坏，可惜装了金，看不出雕凿的手法。石公全山面积 180 多亩，高 70 多丈，不过一座小山罢了，可是山石好，树木多，就见得丘壑幽深，引人入胜。

《记游洞庭西山》

夜宿石公山

回饭店休息了一会儿，我们雇一条渔船，看石公南岸的滩面。滩石下面都有空隙，波涛冲进去，作鸿洞的声响，大约和石钟山同一道理。渔人问还想到哪里去，我们指着南面的三山说，如果来得及回来，我们想到那边去。渔人于是张起风帆来。横风，船身向右侧，船舷下水声哗哗哗。不到四十分钟，就到了三山的岸滩。那里很少大石，全是磨洗得没了棱角的碎石片。据说山上很有些殷实的人家，他们备有枪械自卫，子弹埋在岸滩的芦苇丛中，临时取用，只他们自己有数。我们因为时光已晚，来不及到乡村里去，只在岸滩照了几张照片，就迎着落日回船。

这时候太阳已近地平线，黄水染上淡红，使人起苍茫之感。湖面渐渐升起烟雾，风力比先前有劲，也是横风，船身向左侧，船舷下水声哗哗哗，更见爽利。……

船到石公山，天已全黑。坐船共三小时，付钱一块二毛。饭店里特地为我们点了汽油灯，喝竹叶青，吃鲫鱼和虾仁，还有咸芥菜，味道和白马湖出品不相上下。九时息灯就寝。听湖上波涛声，好似风过松林，不久就入梦。

《记游洞庭西山》

镇夏乡林屋洞和成金煤矿

26 日早上六时起身。东南风很大，出门望湖面，皱而暗，随处涌起白浪花。吃过早餐，昨天约定的人力车来了，就离开饭店，食宿小账共计六块多钱。沿昨天来此的原路，我们向镇夏乡而去。淡淡的阳光渐渐透出来，风吹树木，满眼是舞动的新绿。路旁遇见采茶妇女，身上各挂一只篾篓，满盛采来的茶芽。据说这是今年第二回采摘，一年里头，不过采摘四五回罢了。在镇夏乡寄了信，走不多路，到林屋洞，洞口题“天下第九洞天”六个大字。据说这个洞像房屋那样有三进，第一进人可以直立，第二三进比较低，须得曲身而行。再往里去，直通到湖广。凡有山洞处，往往有类似的传说，当然不足凭信。再走四五里，到成金煤矿，遇见一个姓周的工头，峄县人，和剑三是大同乡，承他告诉我们煤矿的大概。这煤矿本来用土法开采，所出烟煤质地很好，运到近处去销售，每吨价六七块钱，比远来的煤便宜得多，现在这个矿归利民矿业公司经营，占地一万七千亩。目前正在开凿两口井，一口深十六丈，又一口深三十丈，彼此相通。一个月以后开凿成功，就可以用机器采煤了。他又说，西山上除开这里，矿产还很多呢。他四十三岁，和我同年，跑过许多地方，干了二十来年的煤矿，没上过矿业学校，全凭实际得来的经验，谈吐很爽直，见剑三是同乡，殷勤的情意流露在眉目间。剑三给他照了个相，让他站在他亲自开凿的井旁边。回到镇夏乡正十一点。付人力车价，每辆一块二毛半。在面馆吃了面，买了本山的碧螺春茶叶，上小茶楼喝了两杯茶，向附近的山径散步了一会儿，这才挨到午后两点半。裕商小汽轮靠着码头，我们冒着狂风钻进舱里，行到湖心，颠簸摇荡，仿佛在海洋里。

《记游洞庭西山》

苏州花园都有假山

佩弦到苏州来，我陪他看了几个花园。花园都有假山，作为园子的主要部分。假山下大都是荷花池，亭台轩榭之类就环拱着假山和池塘布置起来。

假山实在算不得一件好看的东西。乱石块堆叠起来，高高低低，凹凹凸凸，且不说天下决没有这样的山，单说阳光照在上面，明一块，暗一块，支离破碎，看去总觉得不顺眼。石块与石块的胶粘处不能不显出一些痕迹，旧了的还好，新修的用了水门汀，一道道僵白色真令人难受。玄墓山下有一景，叫作“真假山”，是山脚露出一些石块，有洞穴，有皱襞，宛如用湖石砌成的一般。

胶粘的痕迹自然没有，走近去看还可以鉴赏山石的“皴法”。然而合着玄墓山一起看，这反而成为一个破绽，跟全山的调子不协调。可观的“真假山”，依我的浅见，要算太湖中洞庭西山的石公山了。那里全山是湖石，洞穴和皱襞俯拾即是，可是浑然一气。又有几十丈高的幛壁，比虎丘“千人石”大得多的石滩，真当得上“雄奇”二字。看了石公山再来看花园里的假山，只觉得是不知哪一个石匠把他的石料寄存在这里罢了。

《假山》

假山上的树木和亭子

假山上大都种树木，盖亭子。往往整个假山都在树木的荫蔽之下，而株数并不多，少的简直只有一株。亭子里总得摆一张石桌，可以围坐几个人，一座亭子镇压着整个所谓“山峰”也是常有的事。这就显得非常不相称。你着眼在山一方面，树木和亭子未免太大了，如果着眼在树木和亭子一方面，山又未免小得可笑了。《浮生六记》里的《闲情记趣》开头说：

> 留蚊于素帐中，徐喷以烟，使其冲烟飞鸣，作青云白鹤观，果如鹤唳云端，怡然称快。于土墙凹凸处，花台小草丛杂处，常蹲其身，使与台齐，定神细观。以丛草为林，以虫蚁为兽，以土砾凸者为邱，凹者为壑。神游其中，怡然自得。

这不失为最好的幻想。作者所以能“怡然称快”，“怡然自得”，在乎比拟得相称。以烟为云，自不妨以蚊为鹤；以丛草为树林，以土砾为丘壑，自不妨以虫蚁为走兽。假若在蚊帐中“徐喷以烟”，而捕一只麻雀来让它逃来逃去，或者以丛草为树林，而让一只猫蹲在丛草之上，这就凝不成“青云白鹤”和“林壑幽深”的幻想，也就无从“怡然”了。假山上长着大树，盖着亭子，情形正跟上面所说的相类。不相称的东西硬凑在一起，只使人觉得是大树长在乱石堆上，亭子盖在乱石堆上而已。

《假山》

假山在花园中的作用

据说假山在花园中起障蔽的作用。如果全园的景物一目了然，东边望得到西边，南边望得到北边，那就太不曲折，太没有深致了。有假山障蔽着，峰回路转，又是一番景象，这才引人入胜。这个话当然可以承认，而且有一些具体的例子证明这个作用的价值。顾家的怡园，靠西一带假山把全园的景物遮掩了，你走到假山的西边去，回廊和旱船显得异常幽静，假山下的一湾水好像是从远处的泉源通过来的（其实就是荷花池中的水），引起你的遐想。还有，拙政园的进园处类似从前衙署中的二门，如果门内留着空旷处所，从园中望出来就非常难看。当初设计的人为弥补这个缺陷，在门内堆了一座假山，使你身在园中简直看不见那一道门。可见假山的障蔽作用确有它的价值。然而障蔽不一定要用假山，在园林建筑上，花墙极受重视，也为它的障蔽作用。墙上砌成各式各样的镂空图案，透着光，约略看得见隔墙的景物。这种"隔而不隔"的手法，假若使用得适当，比较堆假山做障蔽更有意思。此外，丛树也可以做障蔽之用。修剪得法，一丛树木还可以当一幅画看。用假山，固然使花园增加了曲折和深致，但是也引起了一堆乱石之感。利弊相较，孰轻孰重，正难断言。

《假山》

难能而不可贵的"匠"制

依传统说法，假山并不重在真有山林之趣，假山本来是假山。路径的盘曲，层次的繁复，凡是山上所有的景物，如绝壁、危梁、岩洞、石屋，应有尽有，正合"麻雀虽小，五脏俱全"的谚语，在这等地方，显出设计的人的匠心。而假山的可贵也就在此。有名的狮子林，大家都说它了不起，就为那假山具有上面所说的那些条件。我小时候还没到过狮子林，长辈告诉我说，那里的假山曲折得厉害，两个人同在山上，看也看得见，手也握得着，但是他们要走到一条路上，还得待小半天呢。后来我去了，虽然不至于小半天，走走的确要好些时间。沿着高下屈曲的路径走，一路上遇见些"具体而微"的山上应有的景物。总之是层次多，阻隔多。就从这个诀窍，产生了两个人看得见而不能立刻碰头的效果。要堆这样一座假山当然不是容易事，不比建筑整整齐齐的房屋，可以预先打好平面和剖面的图样。这大概是全凭胸中的一点意象，堆上了，看看不对就卸下，卸下了，想停当了，再堆上，这样精心经营，直到完工才得休歇。然而不容易的事不一定做成功具有艺术价值的东西。在芝麻大的一粒象牙上刻一篇《陋室铭》，难是难极了，可是这东西终于是工匠的制品，无从列入艺术之林。你在假山上爬来爬去，只觉得前后左右都是石块，逼窄得很。遇见一些峭壁悬崖，你得设想自己缩到一只老鼠那样小才有味。如果你忘不了自己是个人，让躯体跟峭壁悬崖对照，那就像走进了小人国一般，峭壁悬崖再没有什么气魄，只见得滑稽可笑了。爬到“绝顶”的时候，且不说一览宇宙之大，你总要想来一下宽广的眺望吧。但是糟得很，什么堂什么轩的屋顶就挤在你眼前，你可以辨认那遗留在瓦楞上的雀粪。真山真水若是自然手创的艺术品，假山便是人类的难能而不可贵的“匠”制。凡是可以从真山真水得到的趣味，假山完全没有。

《假山》

绅富的花园里总得有假山

看既没有可看，爬又无甚意趣，为什么花园里总得堆一座假山呢？山不可移。叠起一堆乱石来硬叫它山，石块当然不会提抗议。而主人翁便怡然自得，心里想：“万物皆备于我矣，我的花园里甚至有了山。”舒服得无可奈何的人往往喜爱“万物皆备于我”，古董、珍宝、奇花、异卉、美人、声伎，样样都要，岂可独缺名山？堆了假山，虽然眼中所见的到底不是山，而心中总之有了山了，于是并无遗憾。兴到时吟吟诗，填填词，尽不妨夸张一点儿，“苍崖千丈”呀，“云气连山”呀，写上一大套征求吟台酬和，作为消闲的一法。这不过随便揣想罢了，从前的绅富爱堆假山究竟是这个意思不是，当然不能说定。

《假山》

太湖的景色和静趣

这回望太湖，在无锡鼋头渚，又在鼋头渚附近的湖面上打了个转，坐的小汽轮。鼋头渚在太湖的北边，是突出湖面的一些岩石，布置着曲径蹬道，回廊荷池，丛林花圃，亭榭楼馆，还有两座小小的僧院。整个鼋头渚就是个园林，可是比一般园林自然得多，何况又有浩渺无际的太湖做它的前景。在沿湖的石上坐下，听湖波拍岸，挺单调，可是有韵律，仿佛觉得这就是所谓静趣。南望马迹山，只像山水画上用不太淡的墨水涂上的一抹。我小时候，苏州城里卖芋头的往往喊“马迹山芋艿”。抗日战争时期，马迹山是游击队的根据地。向来说太湖七十二峰，据说实际不止此数。多数山峰比马迹山更淡，像是画家蘸着淡墨水在纸面上带这么一笔而已。至于我从前到过的满山果园的东山，石势雄奇的西山，都在湖的南半部，全不见一丝影儿。太湖上渔民很多，可是湖面太宽阔了，渔船并不多见，只见鼋头渚的左前方停着五六只。风轻轻地吹动桅杆上的绳索，此外别无动静。大概这不是适宜打鱼的时候。太阳渐渐升高，照得湖面一片银亮。碧蓝的天空中飘着几朵若有若无的薄云。要是天气不好，风急浪涌，就会是一幅完全不同的景色。从前人描写洞庭湖、鄱阳湖，往往就不同的气候、时令着笔，反映出外界现象跟主观情绪的关系。画家也一样，风雨晦明，云霞出没，都要研究那光和影的变化，凭画笔描绘下来，从这里头就表达出自己的情感。在太湖边作较长时期的流连，即使不写什么文章，不画什么画，精神上一定会得到若干无形的补益。可惜我来也匆匆，去也匆匆，只能有两三个钟头的勾留。

《游了三个湖》

在寺院听琴

寒山寺

（午）饭后同笙亚、颉刚随伯祥至家中，坐片刻时后，颉刚倡议往寒山寺，遂赞成之。四人出阊门，行计一小时许而至。寒山寺方在兴工重修，门前作西式围墙，于僧舍似为未宜，且亦非所以保存古迹也。入门后大殿亦在重建，殿侧有屋三楹，廊下有文待诏书张继《枫桥夜泊》诗，一石已剥蚀不可识，另有俞曲园重书一石，扪读少时而出。至枫桥堍一小茶肆啜茗，少休几一小时而出，遂循原路作归。计过新军营，见许多号兵在习练吹号，笙亚于此道颇知音，遂停足听之。落日如轮，吹角呜呜，殊有慷慨沙场之概。及入城已万家灯火矣，各自分别归家。

1910 年 12 月 24 日日记

（九句钟）走访颉刚，同之出。颉刚谓："盍寻伯祥游寒山寺乎？"余云然，乃造伯祥室。伯祥出近时日记示我侪，并嘱余篆

20 世纪 30 年代寒山寺

其记面，草率从事，殊不好也。坐约一刻许，乃启行。迤逦出金阊，则远山多秀色，平野少枯痕，天高云淡，日丽风和，盖尚未有九秋肃杀气也。在四十六标营一带，江北人多植山芋，青叶绵芊，一望无涯，有小部分已去其叶，而取其根矣。如此出产，生涯当亦不恶。江北人苦荒来此，寄居得之，当赡足矣。然此特其小者耳，苟具此性质，以从事于海外新地，非即殖民之基础乎。

既至寒山寺，则与去年见者大不相同，盖已全体落成，殿宇一新。大殿中供丰干、拾得画像、石刻，笔致活泼，不知为谁氏之笔。墙上联语皆属敷衍之作，无取焉。殿后有厅，有轩，皆窗明而几净，极多静致。有廊四达，以至于二楼，其一只以眺望，略置几椅。唯粉壁新传早已铺满留题，读其句殊堪发噱，别字欠通，不一而足，公德心全无，可叹也。其一则为钟楼，盖以存夜半一声之遗韵耳。周览既毕，驾言言旋，然腹枵矣，乃入近侧某茶肆啜茗。市小无足果腹者，仅购馄饨若干，各食之。坐次见寺中人来购水，云寺中来东洋人数十，将煮茗供奉也。噫，我等亦游客，苟供我茶者，讵即不投以资乎，乃必日本人来而后，趋之如贵客。人心如此，良亦可嗟。

1911 年 10 月 22 日日记

游圆通寺

嫩晴。颉刚以晨来，即与偕访子清，子清所居一斋，幽静无嚣，书桌茶几，亦极清雅。挂壁有一琴，问谁善此者？子清谓是先祖遗玩。因言近世擅此者，其人颇稀，邻近圆通寺方丈某和尚则亦精此技。颉刚与余皆愿得一听琴操，询可得绍介欤？子清曰：“余之从弟与此僧颇友善，由彼导往，愿必偿矣。”即招其从弟俱赴圆通寺。寺有一池，杂花环绕，临池一轩，窗明几朗。因即憩坐其中，未几和尚抱琴出矣。红颜秀骨，颇具精神，度其年岁殆三十许耳。略致问询，为操《渔樵问答》一曲，余凝神听之，徒令余木然意淡。盖其发音极微而极徐，无急节促弦之致也。曲终乃述其所怀，谓琴者所以怡性和神，故可以平人心，而弗能以之鼓舞人心。筝琶者最足动人，然哀乐淫靡胥为偏感，故筝琶为郑声，琴为雅乐，雅乐渐沦郑声，竞作世变之征也。继谓操琴有诸派，如蜀、闽、虞山皆有板拍可按，易于悦耳。吾派则属广陵，为诸派之正，相传以神韵而弗以板拍，故学之既难，解人复鲜。唯其功深，故能迟迟而其神，气贯注斯为难能也。是僧吐属典雅论，他艺亦有精语，近世缁流中为难得矣。语终请再弹一曲，遂为弹《平沙落雁》之曲，漠然不解，吾诸人皆依然也，略为随喜方丈禅室，即辞出。

1914 年 8 月 9 日日记

天禄庵

晨间听会书于吴苑。场散，与君畴、慰萱、子明聚餐于观桥堍饭店……君畴辈喜猜拳，逢酒靡不发豪兴，及饭已，各已醺然。

至于桂芳，谑笑间作。君畴言天禄庵尼甚美，盍往觇之，子明与余更怂恿之，因偕往焉。禅关轻叩，应门有老妪，则言主已外出作佛事。方丈多座席，请随喜耳。遂出茗供余侪，则亦坐而受之。佛座辉生，明窗昼净。此中有人来而弗睹，为无缘耳。坐有顷，复至桂芳，此事真如醉汉。然颠狂年少，未必遽损其人格，要亦与品茶喝酒，同其闲遣而已。

1915 年 2 月 9 日日记

题甪直罗汉古塑展览馆

罗汉昔睹漏雨淋，九尊今看坐碧岑。

供奉无复教宗涉，来者唯好古塑深。
兼陈文物得其宜，位置树石见匠心。
重来愿酬逾半纪，此日盘桓豁胸襟。

《叶圣陶集》第 8 卷

盘门

老苏州掠影

苏式生活

“祭如在”的民俗

苏州的过年

始阴后晴。夜醒时，觉周身发热，及起身时，头眩眼花，遂起而复卧，点心亦吃不下。昨曾约笙亚去听会书，只好失约矣。中饭亦未吃，唯是呻吟与睡眠。年除夕，夜必至大儒巷候大人归，今不能矣。封井接灶，亦不能矣。偏是今朝生病，可恶可恶！日记系卧书，故不成字。

1911 年 1 月 29 日日记

细雨。朝晨醒来，寒热已退。起身已九句钟。洗面毕，看《世界》，至十一句钟吃点心。午后孙景楚来贺年，坐有顷而去。越须臾，伯南、树人亦来谈，至五句钟乃去。今日以未吃中饭，故晚餐极早。元旦卧例应早，故卧亦极早。

1911 年 1 月 30 日日记

晴。晨间读《教育杂志》。既往访企巩，偕之仍至光裕公所听会书，同学有十数人在焉。听毕已二句多钟，即归家。午膳坐有顷，至收租局，襄大人干事，天黑而事已，则归家，侍饮。今宵为旧历除夕，大人例必至大儒巷吃年夜饭，亦随往焉。食毕而归，已十二句钟。

1912 年 2 月 17 日日记

晴。今日为旧历壬子年元旦。岁岁元旦，观夫融融之日，油油之天，每以意象之觉殊，而另有一种境况；此境况，今日亦觉得之也。早餐毕，无所事事，乃将旧著诗词录其自许者八九首，将以投诸天铎报馆焉。今日下午为社会党党员大会之期。前曾约颉刚过余后而偕至沧浪亭之会场，乃早饭以待，而颉刚殊不至。两句半钟则独自走出，遇颉刚于途，径赴会场，则开会已多时，秩序单中各节已过其小半矣。时则适为刘铁民先生之演说，先生蜀人，在沪上办《社会日报》，才从沪上至也。所语皆言袁世凯之必不能为吾民造福，而苟就今日之大势以遽已，则所谓共和决非真共和，第二次革命在指顾间耳。语至痛切，在场百余人皆鼓掌不止。次为议事，所议为讲演会，一切议定临时会场明日及大后日在王仁孝祠，后日在天后宫，每日下午二句钟开会，以上午恐听者无此兴致也。乃更请各党员中孰认讲演，孰认招待，孰认庶务，自认既定，则议第二事，即反对袁世凯为总统而商其进行之办法也。当由刘君拟电稿二，一致袁氏，劝其毋任总统；一致黎元洪，谓“公革命首先发难，今乃若此，其何以慰公初心，亦设法以挽救之乎？”刘君更将所以应反对之旨，重言以声明之。翼龙继之，语尤慷爽绝伦，如闻易水之歌，不禁鼓掌如雷。此二电系用苏省国民名义，当时即筹集电费，热心之人竟有以银元掷与发起人者。然此事余很不赞成，发此两电果获有何如之效果乎？余得而臆断之曰“无效”。无效又何必为之也？然亦不可从此而已也，宜用激烈之手段，先致袁氏于死，再则运动军队及全国同胞以解散现今之参议院，更由全国人民公举议员以举定大总统。今诸君之议发电也，仅反对议和条件与袁为总统也。苟修正议和条件矣，袁氏不任总统矣，诸君之目的已达，而参议院举出之另一总统，得保不以反对袁氏者反对之乎？第二次革命仍难免也，况南京临时政府多难满人意哉！

会散已六时，即径返家，街衢寂静，家家闭户矣，盖俗例然也。

1912 年 2 月 18 日日记

晴。晨起亦晚。早膳已至遹骏家。室中书画皆名家手笔，案上金石罗列，印床画架，在在精妙。壁悬裸体美人一幅，遹骏自制者也，极工致。既而子明亦至，乃相与至伟士之家饭焉。饭后，四人作雀聚，此事余六年前极喜为之，今则颇怕事矣，以其于脑力、腕力两皆极劳也。十二圈毕，余乃终负。徐步至观前，遇轶韦于途，偕至颉刚家。余告颉刚探梅谈话会后日在应千家也。归家后独斟一壶。醉后至观前，夜市甚热闹，旧历除夕故耳。至大儒巷吴氏侍大人，归已天明矣。

途中余语铁韦，云余胸中常有若干书未读，若干学问未知之一念，然日日闲游。课儿数小时，茶话数小时，归家一饭便入睡乡，此愿不知何时始偿也。呜呼！自思此语，弥觉其悲，咬钉嚼铁做去，无此实力奈何哉。

1913 年 2 月 5 日日记

今日为旧历癸丑年元旦，家家闭户休息，或则锣鼓间作，闻而知为及时行乐之侪，男女童孩穿红戴绿，何乐于此日而兴趣若是邪。然一社会中勤劳累日，此行乐之辰，藉以怡神养志者诚复不可少也。不过既用阳历，而仍舞乐于阴历之元旦，似为未当，顾转移习俗难矣。且阳历阴历，原由假定，若云从便，而便与不便，亦何所取准哉。语乎此，且可以无历。

至桂芳，子明适至，乃同坐店中。人进，茶俪谏果二，谓是为元宝发财之兆也，一哂，颔之。茶罢，游玄妙观，百戏杂陈，至为拥挤，而万人如海中，乞儿为尤多，见人家眷属，则雁行随之，知女性多慈善喜布施也。以前弥罗宝阁高凡三层，上供所谓有玉皇大帝，登之眺远，隐约见具区。自去岁遭劫火后，已只余碎瓦颓垣，登高佳趣未由领略，而善男信女、菩萨弟子，尤当无量，懊恼耳。

归家，饭后至金谷听稗，奏技者师弟二人，师本名家，弟子年犹稚，抱琵琶低唱，楚楚可怜，场中座为满焉。

1913 年 2 月 6 日日记

晴。今日为阴历岁余日，书场有所谓特别会书。乃趁早先赴，藉占坐席。然亦不过集口调，油滑之徒，随意凑趣，引人哗笑也。吴苑之后，又至聚来，又至金谷，归家小酌。

复至桂芳，则夜市初喧，天街人聚。笙亚、怀兰、企巩皆在，狂谈甚乐。归家已深夜矣。

今日接颉刚一书，谓以脑弱，故不能长函。

1914 年 1 月 25 日日记

阴而微雨。元旦不放晴天，游人扫兴矣。

晨起已十一句钟，旋至桂芳。苦无伴侣，久而来一君畴。君畴与人弈，余遂观局。及晚，复来数友人，共游玄妙观一周便归。

饮酒一壶，即就卧榻。

1914 年 1 月 26 日日记

晴。起即午膳。接颉刚一片，继有剥啄声，启户则颉刚也。君言篆赤死后，精神殊觉恍惚，苟弗归里休息，恐致疾病。故只身南下，不待豫决也。少顷企巩来，遂偕至桂芳。后与颉刚过话雨楼，晤伯祥、剑秋。及夕饮于怡怡，归时颇醺然。

1915 年 1 月 15 日日记

晴。晨间伯祥、剑秋来，遂偕访颉刚，盖昨约也。

饭后游拙政园，池冻木枯，意极萧爽。池上一轩，今经改造，四壁尽安玻璃，中陈几案，胥属藤制，坐其中则全园在目。倘雪里来此，煮酒清谈，亦胜事也。

出园至桂芳，又为诸友约饮于广南居，同席者岷原、君畴、蓉初、石莼、慰萱、子明。红泥炉里，鱼肉亲调，旋又引喉猜拳，狂态犹昔，归时复醉。岷原诡言将访友，送余至于门首而去。

1915 年 1 月 16 日日记

晴。午后至桂芳，诸友叙谈为乐。

入夜，剑秋招至其家，为饯岁之宴。盖太阴历乙卯之年，今为末日也。

酒罢，茗于桂芳。夜市甚喧，匪曰趁此佳节，多为财利驱耳。

茶散，至大儒巷吴氏，候父亲同归。上床已丑寅之交矣。

1916 年 2 月 2 日日记

阴。午际起身，饭已出至桂芳。

既遨游通衢间，男妇老稚，熙熙来往，如在乐园，不知果何喜也。及晚雨作，遂把游人驱散。

1916 年 2 月 3 日日记

年青人的“辞岁之筵”

及晚，叙餐于玄妙观菜馆。企巩、彦龙、伯祥、应千、宾若、伟士、君畴、蓉初及顾励安共余凡十人，今日年终，此为岁除酒也。座无生客，饮啖自由，或谐谈，或高歌，乐何如之，围坐度岁，羔羊美酒，人生快意事。惜乎不及三小时之久，又酒阑席散矣。

1912 年 12 月 31 日日记

昨日（1912 年 12 月 31 日）岁除，我放社同人作聚餐会于玄妙观（新设菜馆），至者应千、彦龙、伯祥、企巩、蓉初、宾若、君畴、伟士、顾励安及我共十人。围炉团坐，美酒羔羊，电火耀辉，华筵照眼。或引吭高歌，作燕赵之音；或浅斟低唱，作南部之曲。隔座温馨，阿郎玉儿，悬河长舌，淳于诙谐。此乐只应此日有，累依席散暗销魂。心存悲境，乐亦是悲，可叹！

1913 年 1 月 1 日夜致顾颉刚信

晴。晨至校中，诸生已齐集，旋向孔丘设位之前行礼，礼毕诏诸生今放年假，五号之晨其仍携书包到校也。归家饭后至怀兰所，与弈两局。旋至桂芳，老友甚少，本拟集十数人为辞岁之筵，今不举行矣。无已，乃与叔寅、蓉初觞于怡怡，尽欢而归。

去年除夕，相与共饮者十人，一岁如流，又复饯岁。十人中之应千已长辞，娑婆以去，三百六十日中变更已如是其幻，忽历世十年，其何以堪耶。

1913 年 12 月 31 日日记

阴。午后至桂芳。慰萱来言，角直教席不复蝉联。世事纷更，不可意料也。

晚偕君畴、蓉初、伯祥、剑秋、仁侯饮于怡怡，聊为饯岁。

薄醉而归，最为适意。

1914 年 12 月 31 日日记

晴。一年容易，又是岁尽日矣。明日新岁，有一日之假。囊中乌有，遂不得归家少休，思之真可笑也。

此一年中读书不成，学道转魔，春江羁旅，每少善怀，可谓之堕落之年。

1915 年 12 月 31 日日记

清明扫墓

清明桃柳艳遥村，麦饭孤舟拜墓门。

最爱横塘风景好，菜花平接碧天垠。

1913 年 4 月 16 日作，《叶圣陶集》第 8 卷

苏州的“过节”

逢到节令，我们遵照老例祭祖先。苏州人把祭祖先特称为“过节”，别地方人买一些酒菜，大家在节日吃喝一顿，叫作“过节”；苏州人对于这两个字似乎没有这样用法。

过节以前，母亲早已把纸锭折好了。纸锭的原料是锡箔，是绍兴地方的特产。

……供了香，斟了酒，接着就是拜跪。平时太少运动了，才过四十岁，膝关节已经硬化，跪下去只觉得僵僵的，此外别无所思。在满坐的祖先中间，记忆得最真切的是父亲与叔父，因为他

们过世最后，但是我不能想象他们与十几位祖先挤坐在两把椅子上举杯喝酒举筷吃菜的情状。又有一个十一岁上过世的妹妹，今年该三十八了，母亲每次给她特设一盘水果，我也不能想象她剥橘皮、吐桃核的情状。……从前父亲、叔父在日，他们的拜跪就不相同。容貌显得很肃穆，一跪三叩之后，又轻轻叩头至数十回，好像在那里默祷，然后站起来，恭敬地离开拜位。所谓“祭如在”，“临事而敬”，他们是从小就成为习惯了的。新教育的推行与时代的转变把古传的精灵信仰打破，把儒家的报本返始的观念看得并没有什么了不起，于是“如在”即“如”不起来，“临事”自不能装模作样地虚“敬”，只成为一种毫无意义的例行故事，这原是必然的。

《过节》

用茶接财神

我家接财神用三牲，盖以牲敬神，通例也。然或有人家用茶而不用牲者，意几神方饱啖鱼肉之时，口厌腥荤，见有浓茶，遽思饮而止其家焉。夫祀神亦不过每年例事耳，本无谓乃欲媚神邀福，用想弯曲，殊堪发噱。

1911 年 2 月 2 日日记

三清殿祈雨

（午后）茗于雅聚，无甚佳趣。遥望三清殿前，人声如海，万头蚁动。云以连日亢旱，且成饥馑。长官垂爱下民，朝夕来此

玄妙观东脚门文昌殿前

祈祷，以格上苍。故观者特众，并禁宰割，免以罪孽，取怒雨师也。最便宜者，乃在猪羊鱼虾之类，得以延命数日，苟得雨者，若辈便弗得延矣。

1914 年 7 月 24 日日记

玄妙观的神会

（午）饭后走访颉刚，坐其家一句钟，乃同之出至观里，人颇拥挤。盖今日有神会，而并为烧雷祖香之总日也。一般善男信女谨谨诚诚，往往来来；一般香烛摊硬拖生意，殊为可厌；而一般乞丐亦于此偏处求索，总之人民程度不到，乃有此种种恶现象。余等不耐看之，乃出观，至明月楼啜茗阅报。

1911 年 7 月 18 日日记

书场剧场

天仙园剧场

金阊路畔，有天仙园者，坤角演剧场也。同学中颇徘徊其中，我亦一回往之。其中台柱有冯子梅、灵芝草诸人。吴下少年，浮华性成，时有采声惊座；而论其实，则与丹桂所见固犹远逊。而在丹桂者，复岂天上绝响哉！然听歌观剧，无非当彼之声之形入我耳目之时，似觉于我心为一乐，而既过之后，即亦置而弃之如遗，无复容心于其间，则固亦不必论其名角否也，好乎否也。足下有兴，当于星期六之夜偕往，岷原、叔寅辈或亦将往，取似乎之一乐。价复至廉，我将为东道主焉。

1913 年 3 月 19 日夜致顾颉刚信

天仙园所见

天仙园者，吾吴坤角演剧场也。

乍啭娇喉凝翠眸，筝前低唱总含羞。

春魂十万凭呼起，媚意憨情别样柔。

妙曲清纤沥耳圆，恍闻莺语艳阳天。
几回相见总相忆，未解华音是幻烟。

自谱新腔促柱弹，纤纤玉指欲生寒。
愔遮半面风华绝，人当羊车过市看。

似此清才剧可怜，琵琶歌扇遣华年。
苏州况是销魂薮，燕草莺花尽付颠。

1913 年 3 月 19 日作，《叶圣陶集》第 8 卷

苏州的影戏

……听（稗）毕，再至观前，途遇君畴、蓉初。蓉初邀余往观影戏，子明、君畴不欲往，乃二人往焉。时已入夜，座客尚稀，待句半钟，方始开演。画片均甚模糊，且其事迹都无足取，唯《铸铁》一出则可启人工业智识，殊为不恶。场散已九句钟，经此光耀骤入昏黯，目殊为之酸，此事久观，殆非所宜也。

1913 年 2 月 8 日日记

官方取缔电影馆

饭已至桂芳，与子明对弈，局更十数，君畴、蓉初、石莼始来。即共出阊门，预备观电影，盖夙约也。为时犹早，因立驰道

旁，观马龙车水之盛。旋茗于东瀛茶居，茶罢灯电已明，径趋电影馆，竟以闭门羹相饷。询之邻舍，谓城外演电影者三家，适悉为官中取缔也。乘兴来败兴归，未免怏怏，因议拙政园，近正有电影，驰往观览，亦足慰情，众皆曰“可”，因疾趋。入城指拙政而行，余久未行此长途矣，往还之间殊非咫尺地比，两足遂竟告乏，思欲跨驴，又弗获伴侣同意。力疲行急，汗颜喘气，然尚冀目的地，既达眼福所饱，足以偿此劳苦也。孰意事之成否，缘分先定。既不得饱眼福于城外之电影馆，又何能偿之于拙政，以抗彼定缘哉！盖拙政之电影机新有损坏，方在修理也。及闻此说，众皆丧气而归。欲谋眼福，先苦足力，谋者未得，而苦者实受真懊恼也。

1915 年 2 月 20 日日记

柔术家演艺大会

饭后赴县教育会，观柔术家演艺大会。吾国自受猛烈击刺而后，国人颇有自强之心。在上者亦以勇武为国人劝，于是学校之中多有聘柔术专家课学子者。柔术夙为吾国国粹，今世虽以枪炮作战，而短兵相接之际，枪炮莫能呈效，空手白刃端赖柔术。往时习此者，往往绝技自闭，莫肯传流，或则推鲁不文，艰于撰述。坐此之故，习者寥寥，益以重文之见深入脑府，能为拳棒者，则鄙之为江湖丐徒，自非无聊，谁愿修习。今日演技诸君，均旧时军籍中人，间有一二则体操教师，而新习柔术者。教育会之举行此会，其旨一以唤起吾人勇于习此之心；一以供教育家之研究，孰则适宜于学校，孰则否也。所演都六十节，拳棒钩戟刀剑枪棍，均有使用者。吾辈虽外道，亦颇能识其优劣，大致用力沉着，运动圆活者为上乘，轻浮而虚花斯为下矣。而持械对击尤为出色，绝险处间不容发，出一法以招架，险乃无有，合堂为之骇然。并有诸技师之弟子四五人亦拱手献艺，长者约二十岁，幼者才九龄耳，腾跃伸击，居然可观，长者吴江中学肄业生，幼者吴江初等小学之学童也。

1915 年 8 月 19 日日记

苏州玛瑙经房

下午课毕，茗于桂芳。旋至玛瑙经房，见有彩画明信片，其图多男女偎倚之态，吻手并颊，依情郎意，至为艳丽，因购其三焉。旋与岷原、怀兰饮于怡怡，红泥火炉，自煮鸡子食之，出自手调味，似特美也。及归已九句钟。

1913 年 12 月 20 日日记

饭后至桂芳。与子明弈，手段相去远甚，终局辄负百数以外。旋与叔寅过玛瑙，见有购传奇者，因与叔寅各购一种，余购《燕子笺》，而君则《长生殿》也。是书镂刻最精，纸章并胜，善本也。

1913 年 12 月 21 日日记

苏州的观前街

午后课毕时，同怀兰、颉刚至观前散步，憩玛瑙经房，翻览其中之书亦几种，卒购去年《小说月报》第一、二期，乃仍旧返校。看诸同学习拳术，少时而归，则天已晚矣。

1911 年 9 月 12 日日记

与怀兰、颉刚随步至观前，信足行，乃至玛瑙经房，姑入之。信手随翻其肆中书，既购去年《小说月报》第三、四、五期及其今年之闰月增刊与《教育杂志》第七期各一册，而归校。与颉刚共看之，俄而三人再至观前，亦许久，乃归家。

1911 年 9 月 23 日日记

（午）饭后同怀兰至观前街散，既啜茗雅叙，并阅报纸。顷之而座客渐渐满，无空桌。举首四顾，青年学子实居其多，数噫啜茗，虽可以交接社会之情形，增进各种之常识，而如此好光阴掷于可为可免这消遣中，殊觉可惜，断埋青年所宜也。我自惜人，我先犯之矣。中新旋来，即同座。

1911 年 10 月 7 日日记

晚间课毕后，偕企巩、颉刚、君直观前散步。地摊上有卖风景、运动照片者，三君皆择优购之。

1911 年 12 月 28 日日记

与（颉刚、怀兰）二君同行至玛瑙经房，则乱翻其书籍，见有《东方》第八卷第九号，即出资购之。又，该处有印字机，余即定印名片一百张。盖今后且渐入交际之场，名片一物必不可少也。

既而偕至观里，登弥罗宝阁之最上层。观夫手持香、口念佛、膝双屈、首频动之辈，则心滋为之悲，盖悲其无常识，无使用自力之能力，无尊重自己之观念，而徒在此徘徊祈祷，不知其所求果为何事何物也。瞻望移时，即下阁而各归其家。

1912 年 2 月 19 日日记

吴方言区域里的昆曲

昆曲本是吴方言区域里的产物，现今还有人在那里传习。苏州地方，曲社有好几个。退休的官僚，现任的善堂董事，从课业练习簿的堆里溜出来的学校教员，专等冬季里开栈收租的中年田主、少年田主，还有诸如此类的一些人，都是那几个曲社里的社员。北平并不属于吴方言区域，可是听说也有曲社，又有私家聘请了教师学习的，在太太们，能唱几句昆曲算是一种时髦。除了这些“爱美的”唱曲家偶尔登台串演以外，职业的演唱家只有一个班子，这是唯一的班子了，就是上海“大千世界”的“仙霓社”。逢到星期日，没有什么事来逼迫，我也偶尔跑去看他们演唱，消磨一个下午。

演唱昆曲是厅堂里的事。地上铺一方红地毯，就算是剧中的境界，唱的时候，笛子是主要的乐器，声音当然不会怎么响，但是在一个厅堂里，也就各处听得见了。搬上旧式的戏台去，即使在一个并不宽广的戏院子里，就不及平剧那样容易叫全体观众听清。如果搬上新式的舞台去，那简直没法听，大概坐在第五六排的人就只看见演员拂袖按鬓了。我不曾做过考据功夫，不知道什么时候开始有演唱昆曲的戏院子。从一些零星的记载看来，似乎明朝时候只有绅富家里养着私家的戏班子。《桃花扇》里有陈定生一班文人向阮大铖借戏班子，要到鸡鸣埭上去吃酒，看他的《燕子笺》，也可以见得当时的戏不过是几十个人看看罢了。我十几岁的时候，苏州城外有演唱平剧的戏院子两三家，演唱昆曲的戏院子是不常有的，偶尔开设起来，开锣不久，往往因为生意清淡就停闭了。

昆曲彻头彻尾是士大夫阶级的娱乐品，宴饮的当儿，叫养着的戏班子出来演几出，自然是满写意的。而那些戏本子虽然也有幽期密约，盗劫篡夺，但是总要归结到教忠教孝，劝贞劝节，神佛有灵，人力微薄，这就除了供给娱乐以外，对于士大夫阶级也尽了相当的使命。就文词而言，据内行家说，多用词藻故实是不算稀奇的，要像元曲那样亦文亦话才是本色。但是，即使像了元曲，又何尝能够句句像口语一样听进耳朵就明白？再说，昆曲的调子有非常迂缓的，一个字延长到十几拍，那就无论如何讲究辨音，讲究发声跟收声，听的人总之难以听清楚那是什么字了。所以，听昆曲先得记熟曲文，自然，能够通晓曲文里的故实跟词藻那就尤其有味。这又岂是士大夫阶级以外的人所能办到的？当初编撰戏本子的人原来不曾为大众设想，他们只就自己的天地里选一些材料，编成悲欢离合的故事，借此娱乐自己，教训同辈，或者发发牢骚。谁如果说昆曲太不顾到大众，谁就是认错了题目。

昆曲的串演，歌舞并重。舞的部分就是身体的各种动作跟姿势，唱到哪个字，眼睛应该看哪里，手应该怎样，脚应该怎样，都由老师傅传授下来，世代遵守着。动作跟姿势大概重在对称，向左方做了这么一个舞态，接下来就向右方也做这么一个舞态，意思是使台下的看客得到同等的观赏。譬如《牡丹亭》里的《游园》一出，杜丽娘小姐跟春香丫头就是一对舞伴，从闺中晓妆起，直到游罢回家止，没有一刻不是带唱带舞的，而且没有一刻不是两人互相对称的。这一点似乎比较平剧跟汉调来得高明。前年看见过一本《国剧身段谱》，详记平剧里各种角色的各种姿势，实在繁复非凡；可是我们去看平剧，就觉得演员很少有动作，如《李陵碑》里的杨老令公，直站在台上尽唱，两手插在袍甲里，偶尔伸出来挥动一下罢了。昆曲虽然注重动作跟姿势，也要演员能够体会才好，如果不知道所以然，只是死守着祖传来表演，那就跟木偶戏差不多。

昆曲跟平剧在本质上没有多大差别，然而后者比较适合于市民，而士大夫阶级已无法挽救他们的没落，昆曲恐将不免于淘汰。这跟麻将代替了围棋，豁拳代替了酒令，是同样的情形。虽然有曲社里的人在那里传习，然而可怜得很，有些人连曲文都解不通，字音都念不准，自以为风雅，实际上却是薛蟠那样的哼哼，活受罪，等到一个时会到来，他们再没有哼哼的余闲，昆曲岂不将就此“绝响”？这也没有什么可惜，昆曲原不过是士大夫阶级的娱乐品罢了。

《昆曲》

苏州的说书

（与同学企巩、维岩等）至观前，余先至观里书坊取订好讲义，继至宫巷口聚仙楼听稗，演讲者名田少山，人皆谓之痴，其实嬉笑怒骂皆有节奏，非胸中茅塞者，盖明末柳敬亭之流也。听罢各自归家。

1911 年 1 月 27 日日记

……独至桂芳，子明旋亦至。对坐有时，而友人殊无来者，乃且往金谷听稗。彼奏技者声名著甚，较前一日座客更形拥挤矣。

1913 年 2 月 8 日日记

晨到校亦早，照例上课，极形无味。课已，至于金谷，岷原、子明偕焉。听唱《西厢记·琴心》一折，珠圆玉润，沥沥如啭，佳构也。

1913 年 3 月 11 日日记

……独过鹤园，取途便也。茗于携鹤草堂。……伯祥、硕民、彦龙旋至，即同茗座。此间亦有歌稗之场，奏技者即年初在金谷之师弟二人，偶与伯祥入场听之。其弟也者之歌喉殊逊当时，然双眸羞顾，垂颈调弦，台下群雌目目直射，卫玠璧人，几于看杀。此则复一耐吾静观之状态也。

1913 年 8 月 27 日日记

20 世纪 20 年代万人码头与阊门

（午后）至桂芳，旋为岷原邀往吴苑听稗，奏技者为吴中名家。名家之魔力广被诸众，所以座恒嫌满，在听之者劳劳终日，藉闻恢谐，一畅身心怀，固未始不美。然座拥则坐不适，后至者每无几案可凭倚，兀坐屏息如学生之受课，则于身体未免劳疲耳。

1913 年 9 月 3 日日记

与岷原、王备者、沈苹洲听稗于吴苑，场散至桂芳。……聚来厅者亦书场也。近有二名家合唱，其一即适在吴苑者。旧侣邀往，乃复涉足，则人已满座，既而椅尽座缺，立而待者不得前，而叫嚣者复百数辈，合而计之殆六七百人。于是二人登坛，筝弦一鸣，四座无声，歌喉欲发，声欬亦微，其余白词均语语入妙，在他人道之未必有兴，而出自其口即瓦砾亦珠玉，洵不愧名家，有此魔力亦所宜矣。其时人尚源源而来也，地不能容，乃阻客不令入中。有恶伧忿而大骂，几成斗争，众为呼止而静境为喧场矣。场散已九句钟。

弹词家固社会教育家，影响及人心理，能为渐移而默化。吾侪教师执教鞭，勤勤督责，犹苦不入，而听稗者则息心静气以受，偏无倦容，如彼名家魔力尤大，倘能参以实用之语，演以修养之事，则广设书场，当胜于添办学校。惜今之弹词家多承世俗之心理，以游词为能技也。

1913 年 9 月 4 日日记

琴师玉春浦今晚奏艺于吴苑，岷原邀余偕听，乃至吴苑。灯电既明，座人渐集，既而丝弦拨动，如所谓大珠小珠落玉盘者，而金鼓檀板无响弗臻矣。所弹戏三出，其中之《空城计》《滑油山》，皆前日所曾闻，重一听之，味乃益隽美，遏云高唱，如袅清歌，吾徒闻肉音而弗辨其为弦音也。呜呼！技亦神矣。场散遄归，已劳双亲伫望许久矣。

1914 年 9 月 16 日日记

（午膳后）岷原来，与共茗于话雨楼。楼下即为书场后，因入座听稗，所讲曹、刘“长坂坡”战事，奕奕有神，四座神往。

1915 年 1 月 17 日日记

晨起后，与君畴偕听书于吴苑。泥泞载途，步履维艰，吾不知寒带之民，终年与雪为缘，其困难何以堪也。听书最无意思，只在得几句谐语，以取一笑。而若辈所说，未必尽为可笑，非失之俚即流于滞，隽雅流利，语妙天下，难一二觏也。

1915 年 2 月 8 日日记

晴。晨颉刚见访，与偕至吴苑听会书。奏技者半皆才能演说之幼童，此中人盖已屡见其代谢矣。

1916 年 1 月 27 日日记

“小书”说的是才子佳人，“大书”说的是历史故事跟江湖好汉，这是大概的区别。“小书”在表白里夹着唱词，唱的时候说书人弹着三弦；如果是双档（两个人登台），另外一个就弹琵琶或者打铜丝琴。“大书”没有唱词，完全是表白。说“大书”的那把黑纸扇比较说“小书”的更为有用，几乎是一切“道具”的代替品，诸葛不离手的鹅毛扇，赵子龙手里的长枪，李逵手里的板斧，胡大海手托的千斤石，都是那把黑纸扇。

说“小书”的唱唱词据说是依“中州韵”的，实际上十之八九是方音，往往ㄣㄥ不分，“真”“庚”同韵。唱的调子有两派：一派叫“马调”，一派叫“俞调”。“马调”质朴，“俞调”婉转。

“马调”容易听清楚，“俞调”抑扬大多，唱得不好，把字音变了，就听不明白。“俞调”又比较是女性的，说书的如果是中年以上的人，勉强逼紧了喉咙，发出撕裂似的声音来，真叫人坐立不安，浑身肉麻。

“小书”要说得细腻。《珍珠塔》里的陈翠娥见母亲势利，冷待远道来访的穷表弟方卿，私自把珍珠塔当作干点心送走了他。后来忽听得方卿来了，是个唱“道情”的穷道士打扮，要求见她。她料知其中必有蹊跷，下楼去见他呢还是不见他，踌躇再四，于是下了几级楼梯就回上去，上去了又走下几级来，这样上上下下有好多回，一回有一回的想头。这段情节在名手有好几天可以说。其时听众都异常兴奋，彼此猜测，有的说“今天陈小姐总该下楼梯了”，有的说“我看明天还得回上去呢”。

“大书”比较“小书”尤其着重表演。说书人坐在椅子上，前面是一张半桌，偶然站起来，也不很容易回旋，可是像演员上了戏台一样，交战、打擂台，都要把双方的姿态做给人家看。据内行家的意见，这些动作要做得沉着老到、一丝不乱，才是真功夫。说到这等情节自然很吃力，所以这等情节也就是“大书”的关子。譬如听《水浒》，前十天半个月就传说“明天该是景阳冈打虎了”，但是过了十天半个月，还只说到武松醉醺醺跑上冈去。

说“大书”的又有一声“咆头”，算是了不得的“力作”。那是非常之长的喊叫，舌头打着滚，声音从阔大转到尖锐，又从尖锐转到奔放，有本领的喊起来，大概占到一两分钟的时间，算是勇夫发威时候的吼声。张飞喝断灞陵桥就是这么一声“咆头”。

听众听到了“噱头”，散出书场来还觉得津津有味。

无论“小书”和“大书”，说起来都有“表”跟“白”的分别。“表”是用说书人的口气叙述，“白”是说书人说书中人的话，所以“表”的部分只是说书人自己的声口，而“白”的部分必须起角色，生旦净丑，男女老少，各如书中人的身份。起角色的时候，大概贴旦丑角之类仍用苏白，正角色就得说“中州韵”，那就是“苏州人说官话”了。

说书并不专说书中的事，往往在可以旁生枝节的地方加入许多“穿插”。“穿插”的来源无非《笑林广记》之类，能够自出心裁的编排一两个“穿插”的当然是能手了。关于性的笑话最受听众欢迎，所以这类“穿插”差不多每回可以听到。最后的警句说了出来之后，满场听众个个哈哈大笑，一时合不拢嘴来。

书场设在茶馆里。除了苏州城里，各乡镇的茶馆也有书场。也不止苏州一地，大概整个吴方言区域全是这批说书人的说教地，直到如今还是如此。听众是士绅以及商人，以及小部分的工人农民。从前女人不上茶馆听书，现在可不同了。听书的人在书场里欣赏说书人的艺术，同时得到种种的人生经验：公子小姐的恋爱方式，吴用式的阴谋诡计，君师主义的社会观，因果报应的伦理观，江湖好汉的大块分金、大碗吃肉，超自然力的宰制人间、无法抵抗……也说不尽这许多，总之，那些人生经验是非现代的。

《说书》

苏式生活

《涸辙旧简：叶圣陶贾祖璋京闽通信集》书影

姑苏情味

无味之味令人心醉

鲜嫩玉色的长节藕

同朋友喝酒，嚼着薄片的雪藕，忽然怀念起故乡来了。若在故乡，每当新秋的早晨，门前经过许多的乡人：男的紫赤的臂膊和小腿肌肉突起，躯干高大且挺直，使人起健康的感觉；女的往往裹着白地青花的头巾，虽然赤脚，却穿短短的夏布裙，躯干固然不及男的那样高，但是别有一种健康的美的风致；他们各挑着一副担子，盛着鲜嫩玉色的长节的藕。在产藕的池塘里，在城外曲曲弯弯的小河边，他们把这些藕一再洗濯，所以这样洁白。仿佛他们以为这是供人品味的珍品，这是清晨的画境里的重要题材，倘若涂满污泥，就把人家欣赏的浑凝之感打破了，这是一件罪过的事。他们不愿意担在身上，故而先把它们濯得这样洁白了，才挑进城里来。他们要稍稍休息的时候，就把竹担横在地上，自己坐在上面，随便拣择担里的过嫩的“藕枪”或是较老的“藕朴”，大口地嚼着解渴。过路的人就站住了，红衣衫的小姑娘拣一节，白头发的老公公买两支，清淡的甘美的滋味于是普遍于家家户户了。这种情形差不多是平常的日课，要到叶落秋深的时候。

《藕与莼菜》

无味之味令人心醉的莼菜

想起了藕，就联想到莼菜。在故乡的春天，几乎天天吃莼菜。莼菜本身没有味道，味道全在于好的汤。但这样嫩绿的颜色与丰富的诗意，无味之味真足令人心醉。在每条街旁的小河里，石埠头总歇着一两条没篷船，满舱盛着莼菜，是从太湖里捞来的，当然能得日餐一碗了。

向来不恋故乡的我，想到这里，觉得故乡可爱极了。我自己也不明白，为什么会起这么深浓的情绪？再一思索，实在很浅显的：因为在故乡有所恋，而所恋又只在故乡有，就萦系着不能割舍了。譬如亲密的家人在那里，知心的朋友在那里，怎得不恋恋？怎得不怀念？但是仅仅为了爱故乡么？不是的，不过在故乡的几个人把我们牵着罢了。若无所牵系，更何所恋念？像我现在，偶然被藕与莼菜所牵系，所以就怀念起故乡来了。

《藕与莼菜》

金阊松鹤楼菜馆

晨起后即至岷原所，与偕过遹骏。叔寅、禹琳旋亦至，馨相遇也。曩余题遹骏《桃源图》一词未为写上，今乃为所嬲捉笔书诸其上，字迹恶劣污佳幅矣。快谈多时，四人辞遹骏出，而至于松鹤楼菜馆。沽酒相酌，食黄鱼、莼菜诸味，颇觉豪兴勃然，酒诚佳物哉。酒罢途遇子明，遹骏相与缓步游行，信足所至，乃出金阊。时犹亭午，三五丽人方迟徊妆阁，调粉匀脂，饰其华艳，于是惨绿少年，则方有所待，故马龙车水之概，犹未入于眼帘也。旋茗于福安，程仰苏先生亦来，遂同座闲谈。茶至久至五句钟，乃徐徐入城。

1912 年 5 月 4 日日记

卖白果的声调

总弄里边不知不觉笼上黄昏的暮色……这时候，一个挑担的慢慢地走进弄来……他开了镬子的盖子，用一爿蚌壳在镬子里拨动，同时不很协调地唱起来了："新鲜热白果，要买就来数。"发音很高，又含有急促的意味。……

片刻的幻想的快感，我真要感谢了。

这声音又使我回想到故乡的卖白果的。做这营生的当然不只是一个，但叫卖的声调却大致相似，悠扬而轻清，恰配作新凉的象征，比较这里上海的卖白果的叫卖声有味得多了。他们的唱句差不多成为儿歌，我小时候曾经受教于大人，也模仿着他们的声调唱：

烫手热白果，
香又香来糯又糯；
一个铜钱买三颗，
三个铜钱买十颗。
要买就来数，
不买就挑过。

这真是粗俗的通常话，可是在静寂的夜间的深巷中，这样不徐不疾，不刚劲也不太柔软地唱出来，简直可以使人息心静虑，沉入享受美感的境界。本来，除开文艺，单从声音方面讲，凡是工人所唱一切的歌，小贩呼唤的一切叫卖声，以及戏台上红面孔、白面孔、青衫长胡子所唱的戏曲，中间都颇有足以移情的。我们不必辨认他们唱的是些什么话，含着什么意思，单就那调声的抑扬、徐疾、送渡、转折等等去吟味，也不必如考据家内行家那样用心，推究某种俚歌源于什么，某种腔调是从前某老板的新声，特别可贵，只取足以悦我们的耳的，就多听它一会。这样，也就可以获得不少赏美的乐趣。如果歌唱的也就是极好的文艺，那当然更好，原是不待说明的。

这里上海的卖白果的叫卖声所以不及我故乡的，声调不怎么好自然是主因，而里中欠静寂，没有给它衬托，也有关系。全里的零零碎碎的杂声，里外马路上的汽车声，工厂里的机器声，搅和在一起，就无所谓静寂了。即使是神妙的音乐家，在这境界中演奏他生平的绝艺，也要打个很大的折扣，何况是不足道的卖白果的叫卖声呢。

但是它能引起我片刻的幻想的快感，总是可以感谢而且值得称道的。

《卖白果》

苏州城里的“快船”

苏州城里的船叫作“快船”，与别地的船比起来，实在是并不快的。因为不预备经过什么长江大湖，所以吃水很浅，船底阔而平。除了船头是露天以外，分做头舱、中舱和艄篷三部分。头舱可以搭高，让人站直不至于碰头顶。两旁边各有两把或者三把小巧的靠背交椅，又有小巧的茶几，前檐挂着红绿的明角灯，明角灯又挂着红绿的流苏，踏脚的是广漆的平板，一般是六块，由横的直的木条承着。揭开平板，下面是船家的储藏库。中舱也铺着若干块平板，可是差不多贴着船底，所以从头舱到中舱得跨下一尺多。中舱两旁边是两排小方窗，上面的一排可以吊起来，第二排可以卸去，以便靠着船舷眺望。以前窗子都配上明瓦，或者在拼凑的明瓦中间镶这么一小方玻璃，后来玻璃来得多了，就完全用玻璃。中舱与头舱、艄篷分界处都有六扇书画小屏门，上方下方装在不同的几条槽里，要开要关，只须左右推移。书画大多是金漆的，无非“寒雨连江夜入吴”，“月落乌啼霜满天”以及梅兰竹菊之类。中舱靠后靠右搁着长板，供客憩坐。如果过夜，只要靠后多拼一两条长板，就可以摊被褥。靠左当窗放一张小方桌，方桌旁边四张小方凳。如果在小方桌上放上圆桌面，十来个人就可以聚餐。靠后靠右的长板以及头舱的平板都是座头，小方凳摆在角落里凑数。末了说到艄篷，那是船家整个的天地。艄篷同头舱一样，平板以下还有地位，放着锅灶碗橱以及铺盖衣箱种种东西。揭开一块平板，船家就蹲在那里切肉煮菜，此外是摇橹人站着摇橹的地方。橹左右各一把，每把由两个人服侍，一个当橹柄，一个当橹绳。船家如果有小孩，走不来的躺在困桶里，放在翘起的后艄，能够走的就让他在那里爬，拦腰一条绳拴着，系在篷柱上，以防跌到河里去。后艄的一旁露出四条棍子，一顺地斜并着，原来大概是护船的武器，后来转变成装饰品了。全船除着水的部分以外，窗门板柱都用广漆，所以没有其他船上常有的那种难受的桐油气味。广漆的东西容易擦干净，船旁边有的是水，只要船家不懒惰，船就随时可以明亮爽目。

从前，姑奶奶回娘家哩，老太太看望小姐哩，坐轿子嫌吃力，就唤一条快船坐了去。在船里坐得舒服，躺躺也不妨，又可以吃茶，吸水烟，甚至抽大烟。只是城里的河道非常脏，有人家倾弃的垃圾，有染坊里放出来的颜色水，淘米、净菜、洗衣服、涮马桶又都在河旁边干，使河水的颜色和气味变得没有适当的字眼可以形容。有时候还浮着肚皮胀得饱饱的死猫或者死狗的尸体。到了夏天，红里子、白里子、黄里子的西瓜皮更是洋洋大观。苏州城里河道多，有人就说是东方的威尼斯。威尼斯像这个样子，又何足羡慕呢？这些，在姑奶奶老太太等人是不管的，只要小天地里舒服，以外尽不妨马虎，而且习惯成自然，那就连抬起手来按住鼻子的力气也不用花。城外的河道宽阔清爽得多，到附近的各乡各镇去，或逢春秋好日子游山玩景，以及干那宗法社会里的重要事项——上坟，唤一条快船去当然最为开心。

《三种船》

花样繁多的“船菜”

船家做的菜是菜馆比不上的，特称“船菜”。正式的船菜花样繁多，菜以外还有种种点心，一顿吃不完。非正式地做几样也还是精，船家训练有素，出手总不脱船菜的风格。拆穿了说，船菜所以好就在于只准备一席，小镬小锅，做一样是一样，汤水不混和，材料不马虎，自然每样有它的真味，叫人吃完了还觉得馋涎欲滴。倘若船家进了菜馆里的大厨房，大镬炒虾，大锅煮鸡，那也一定会有坍台的时候的。话得说回来，船菜既然好，坐在船里又安舒，可以眺望，可以谈笑，玩它个夜以继日，于是快船常有求过于供的情形。那时候，游手好闲的苏州人还没有识得“不景气”的字眼，脑子里也没有类似“不景气”的想头，快船就充当了适应时地的幸运儿。

《三种船》

船家“相骂”的本领

除了做船菜，船家还有一种了不得的本领，就是相骂。相骂如果只会防御，不会进攻，那不算稀奇，三言两语就完，不会像藤蔓似的纠缠不休，也只能算次等角色。纯是常规的语法，不会应用修辞学上的种种变化，那就即使纠缠不休也没有什么精彩。

船家与人家相骂起来，对于这三层都能毫无遗憾，当行出色。船在狭窄的河道里行驶，前面有一条乡下人的柴船或者什么船冒冒失失地摇过来，看去也许会碰撞一下，船家就用相骂的口吻进攻了："你瞎了眼睛吗？这样横冲直撞是不是去赶死？"诸如此类。对方如果有了反响，那就进展到纠缠不休的阶段，索性把摇橹撑篙的手停住了，反复再四地大骂，总之错失全在对方，所以自己的愤怒是不可遏制的。然而很少骂到动武，他们认为男人盘辫子、女人扭胸脯不属于相骂的范围。这当儿，你得欣赏他们的修辞的才能。要举例子，一时可记不起来，但是在听到他们那些话语的时候，你一定会想，从没有想到话语可以这么说的，然而惟有这么说，才可以包含怨恨、刻毒、傲慢、鄙薄种种成分。编辑人生地理教科书的学者只怕没有想到吧，苏州城里的河道养成了船家相骂的本领。

《三种船》

船家的摇船技术

他们的摇船技术是在城里的河道训练成功的，所以长处在于能小心谨慎，船与船擦身而过，彼此绝不碰撞。到了城外去，遇到逆风固然也会拉纤，遇到顺风固然也会张一扇小巧的布篷，可是比起别种船上的驾驶人来，那就不成话了。他们敢于拉纤或者张篷的时候，风一定不很大，如果真个遇到大风，他们就小心谨慎地回复你，今天去不成。譬如我去上坟必须经过石湖，虽然吴瞿安先生曾作诗说石湖"天风浪浪"什么什么以及"群山为我皆低昂”，实在是个并不怎么阔大的湖面，旁边只有一座很小的上方山。每年阴历八月十八，许多女巫都要上山去烧香的。船家一听说要过石湖就抬起头来看天，看有没有起风的意思，到进了石湖的时候，脸色不免紧张起来，说笑都停止了，听得船头略微有汩汩的声音，就轻轻地互相警戒：“浪头！浪头！”有一年我家去上坟，风在十点过后大起来，船家不好说回转去，就坚持着不过石湖。这一回难为了我们的腿，来回跑了二十里光景才上成了坟。

《三种船》

抢了“快船”生意的“当当船”

（绍兴人的“当当船”）上备着一面小铜锣，开船的时候当当敲起来，算是信号，中途经过市镇，又当当当当敲起来，招呼乘客，因此得了这奇怪的名称。我小时候，苏州地方没有那种船。什么时候开头有的，我也说不上来。直到我到甪直去当教师，才与那种船有了缘。船停泊在城外，据传闻，是与原有的航船有过一番斗争的。航船见它来抢生意，不免设法阻止。但是“当当船”的船夫只知道硬干，你要阻止他们，他们就与你打。大概交过了几回手吧，航船夫知道自己不是那些绍兴人的敌手，也就只好用鄙夷的眼光看他们在水面上来去自由了。中间有没有立案呀登记这些手续，我可不清楚，总之那些绍兴人用腕力开辟了航线是事实。我们有一句话“麻雀豆腐绍兴人”，意思是说有麻雀豆腐的地方也就有绍兴人，绍兴人与麻雀豆腐一样普遍于各地。试把“当当船”与航船比较，就可以证明绍兴人是生存斗争里的好角色，他们与麻雀豆腐一样普遍于各地，自有所以然的原因。这看了后文就知道，且让我把“当当船”的体制叙述一番。

“当当船”属于“乌篷船”的系统，方头，翘尾巴，穹形篷，横里只够两个人并排坐，所以船身特别见得长。船旁涂着绿釉，底部却涂红釉，轻载的时候，一道红色露出水面，与绿色作强烈的对照。篷纯黑色。舵或红或绿，不用，就倒插在船艄，上面歪歪斜斜标明所经乡镇的名称，大多用白色。全船的材料很粗陋，制作也将就，只要河水不至于灌进船里就成，横一条木条，竖一块木板，像破衣服上的补缀一样，那是不在乎的。我们上旁的船，总是从船头走进舱里去。上“当当船”可不然，我们常常踩着船边，从推开的两截穹形篷中间把身子挨进舱里去，这样见得爽快。大家既然不欢喜钻舱门，船夫有人家托运的货品就堆在那里，索性把舱门堵塞了。可是踩船边很要当心。西湖划子的活动不稳定，到过杭州的人一定有数，“当当船”比西湖划子大不了多少，它的活动不稳定也与西湖划子不相上下。你得迎着势，让重心落在踩着船边的那只脚上，然后另一只脚轻轻伸下去，点着舱里铺着的平板。进了舱你就得坐下来。两旁靠船边搁着又狭又薄的长板就是坐位，这高出铺着的平板不过一尺光景，所以你坐下来就得耸起你的两个膝盖，如果对面也有人，那就实做“促膝”了。背心可以靠在船篷上，躯干最好不要挺直，挺直了头触着篷顶，你不免要起局促之感。先到的人大多坐在推开的两截穹形篷的空当里，这里虽然是出入要道，时时有偏过身子让人家的麻烦，却是个优越的位置，透气，看得见沿途的景物，又可以轮流把两臂搁在船边，舒散舒散久坐的困倦。然而遇到风雨或者极冷的天气，船篷必须拉拢来，那位置也就无所谓优越，大家一律平等，埋没在含有恶浊气味的阴暗里。

“当当船”的船夫差不多没有四十以上的人，身体都强健，不懂得爱惜力气，一开船就拼命划。五个人分两边站在高高翘起船艄上，每人管一把橹，一手当橹柄，一手当橹绳。那橹很长，比旁的船上的橹来得轻薄。当推出橹柄去的时候，他们的上身也冲了出去，似乎要跌到河里去的模样。接着把橹柄挽回来，他们的身子就往后顿，仿佛要坐下来似的。五把橹在水里这样强力地划动，船身就飞快地前进了。有时在船头加一把桨，一个人背心向前坐着，把它扳动，那自然又增加了速率。只听得河水活活地向后流去，奏着轻快的调子。船夫一壁划船，一壁随口唱绍兴戏，或者互相说笑，有猥亵的性谈，有绍兴风味的幽默谐语，因此，他们就忘记了疲劳，而旅客也得到了解闷的好资料。他们又喜欢与旁的船竞赛，看见前面有一条什么船，船家摇船似乎很努力，他们中间一个人发出号令说“追过它”，其余几个人立即同意，推呀挽呀分外用力，身子一会儿冲出去，一会儿倒仰过来，好像忽然发了狂。不多时果然把前面的船追过了，他们才哈哈大笑，庆贺自己的胜利，同时回复到原先的速率。由于他们划得快，比较性急的人都欢喜坐他们的船，譬如从苏州到甪直是“四九路”（三十六里），同样地划，航船要六个钟头，“当当船”只要四个钟头，早两个钟头上岸，即使不想赶做什么事，身体究竟少受些拘束，何况船价同样是一百四十文，14 个铜板（这是十五年前的价钱，现在总该增了）。

风顺，“当当船”当然也张风篷。风篷是破衣服、旧挽联、干面袋等等材料拼凑起来的，形式大多近乎正方。因为船身不大，就见得篷幅特别大，有点儿不相称。篷杆竖在船头舱门的地位，是一根并不怎么粗的竹头，风越大，篷杆越弯，把袋满了风的风篷挑出在船的一边。这当儿，船的前进自然更快，听着哗哗的水声，仿佛坐了摩托船。但是胆子小点儿的人就不免惊慌，因为船的两边不平，低的一边几乎齐水面，波浪大，时时有水花从舱篷的缝里泼进来。如果坐在低的一边，身体被动地向后靠着，谁也会想到船一翻自己就最先落水。坐在高的一边更得费力气，要把两条腿伸直，两只脚踩紧在平板上，才不至于脱离坐位，跌扑到对面的人的身上去。有时候风从横里来，他们也张风篷，一会儿篷在左边，一会儿调到右边，让船在河面上尽画曲线。于是船的两边轮流地一高一低，旅客就好比在那里坐幼稚园里的跷跷板，“这生活可难受”，有些人这样暗自叫苦。然而“当当船”很少失事，风势真个不对，那些船夫还有硬干的办法。有一回我到甪直去，风很大，饱满的风篷几乎蘸着水面，虽然天气不好，因为船行非常快，旅客都觉得高兴，后来进了吴淞江，那里江面很阔，船沿着“上风头”的一边前进。忽然呼呼地吹来更猛烈的几阵风，风篷着了湿重又离开水面。旅客连“哎哟”都喊不出来，只把两只手紧紧地支撑着舱篷或者坐身的木板。扑通，扑通，三四个船夫跳到水里去了。他们一齐扳住船的高起的一边，待留在船上的船夫把风篷落下来，他们才水淋淋地爬上船艄，湿了的衣服也不脱，拿起橹来就拼命地划。

《三种船》

苏州城里的"航船"

说到航船，凡是摇船的跟坐船的差不多都有一种哲学，就是"反正总是一个到"主义。反正总是一个到，要紧做什么？到了也没有烧到眉毛上来的事，慢点儿也呒啥。所以，船夫大多衔着一根一尺多长的烟管，闭上眼睛，偶尔想到才吸一口，一管吸完了，慢吞吞捻了烟丝装上去，再吸第二管。正同"当当船"相反，他们中间很少有四十以下的人。烟吸畅了，才起来理一理篷索，泡一壶公众的茶。可不要当作就要开船了，他们还得坐下来谈闲天。直到专门给人家送信带东西的"担子"回了船，那才有点儿希望。好在坐船的客人也不紧不慢，隔十多分钟、二三十分钟来一个两个，下了船重又上岸，买点心哩，吃一开茶哩，又是十分或一刻，有些人买了烧酒豆腐干花生米来，预备一路独酌。有些人并没有买什么，可是带了一张源源不绝的嘴，还没有坐定就乱攀谈，挑选相当的对手。在他们，迟些儿到实在不算一回事，就是不到又何妨。坐惯了轮船火车的人去坐航船，先得做一番养性的功夫，不然，这种阴阳怪气的旅行，至少会有三天的闷闷不乐。

航船比"当当船"大得多，船身开阔，舱作方形，木制，不像"当当船"那样只用芦席。艄篷也宽大，雨落太阳晒，船夫都得到遮掩。头舱、中舱是旅客的区域，头舱要盘膝而坐，中舱横搁着一条条长板，坐在板上，小腿可以垂直。但是中舱有的时候要装货，豆饼、菜油之类装满在长板下面，旅客也只得搁起了腿坐了。窗是一块块的板，要开就得卸去，不卸就得关上。通常两旁各开一扇，所以坐在舱里那种气味未免有点儿难受。坐得无聊，如果回转头去看艄篷里那几个老头子摇船，就会觉得自己的无聊才真是无聊，他们的一推一挽距离很小，仿佛全然不用力气，两只眼睛茫然望着岸边，这样地过了不知多少年月，把踏脚的板都踏出脚印来了，可是他们似乎没有什么无聊，每天还是走那老路，连一棵草、一块石头都熟识了的路。两相比较，坐一趟船慢一点儿闷一点儿又算得什么。坐航船要快，只有巴望顺风。篷杆竖在头舱与中舱之间，一根又粗又长的木头。风篷极大，直拉到杆顶，有许多竹头横撑着，吃了风，巍然地推进，很有点儿气派。风最大的日子，苏州到甪直三点半钟就吹到了。但是旅客究竟是“反正总是一个到”主义者，虽然嘴里嚷着“今天难得”，另一方面却似乎嫌风太大、船太快了，跨上岸去，脸上不免带点儿怅然的神色。遇到顶头逆风就停班，不像“当当船”那样无论如何总得用人力去拼。客人走到码头上，看见孤零零的一条船停在那里，半个人影儿也没有，知道是停班，就若无其事地回转身。风总有停的日子，那么航船总有开的日子。忙于寄信的我可不能这样安静，每逢校工把发出的信退回来，说今天航船不开，就得担受整天的不舒服。

《三种船》

乡镇上的茶馆

乡镇上有一种“来扇馆”，就是茶馆，客人来了，才把炉子里的火扇旺，炖开了水冲茶，所以得了这个名称。

每天上午九十点钟的时候，“来扇馆”却名不副实了，急急忙忙扇炉子还嫌来不及应付，哪里有客来才扇那么清闲？原来这个时候，镇上称为某爷某爷的先生们睡得酣足了，醒了，从床上爬起来，一手扣着衣扣，一手托着水烟袋，就光降到“来扇馆”里。泥土地上点缀着浓黄的痰，露筋的桌子上满缀着油腻和糕饼的细屑，苍蝇时飞时止，忽集忽散，像荒野里的乌鸦。狭条板凳有的断了腿，有的裂了缝，两扇木板窗外射进一些光亮来。某爷某爷坐满了一屋子，他们觉得舒服极了，一口沸烫的茶使他们神清气爽，几管浓辣的水烟使他们精神百倍。

于是一切声音开始散布开来：有的讲昨天的赌局，打出了一张什么牌，就赢了两底；有的讲自己的食谱，西瓜鸡汤下面，茶腿丁煮粥，还讲怎么做鸡肉虾仁水饺；有的讲本镇新闻，哪家女儿同某某有私情，哪家老头儿娶了个十五岁的侍妾；有的讲些异闻奇事，说鬼怪之事不可不信，不可全信。有几位不开口的，他们在那里默听、微笑、吐痰、吸烟、支颐、遐想，指头轻敲桌子，默唱三眼一板的雅曲。迷濛的烟气弥漫一室，一切形一切声都像在云里雾里。

午饭时候到了，他们慢慢地踱回家去。吃罢了饭依旧聚集在“来扇馆”里，直到晚上为止，一切和午前一样。岂止和午前一样，和昨天和前月和去年和去年的去年全都一样。他们的生活就是这样了！

《生活》

城市里的茶社

城市里有一种茶社，比起“来扇馆”，就像大辂之于椎轮了。有五色玻璃的窗，有仿西式的红砖砌的墙柱，有红木的桌子，有藤制的茶几和椅子，有白铜的水烟袋，有洁白而且洒上花露水的公用手巾，有江西产的茶壶茶杯。

到这里来的先生们当然是非常大方，非常安闲，宏亮的语音表示上流人的声调，顾盼无禁的姿态表示绅士式的举止。他们的谈话和“来扇馆”里大不相同了。他们称他人不称“某老”就称“某翁”；报上的记载是他们谈话的资料，或表示多识，说明某事的因由，或好为推断，预测某事的转变；一个人偶然谈起了某一件事，这就是无穷的言语之藤的萌芽，由甲而及乙，由乙而及丙，一直蔓延到癸，癸和甲是决不可能牵连在一席谈话里的，然而竟牵连在一起了；看破世情的话常常可以在这里听到，他们说什么都没有意思都是假，某人干某事是“有所为而为”，某事的内幕是怎样怎样的；而赞誉某妓女称扬某厨司也占了谈话的一部分。他们或是三三两两同来，或是一个人独来。电灯亮了，坐客倦了，依旧三三两两同去，或是一个人独去。

这都不足为奇。可怪的是明天来的还是这许多人；发出宏亮的语音，做出顾盼无禁的姿态还同昨天一样，称“某老”“某翁”，议论报上的记载，引长谈话之藤，说什么都没有意思都是假，赞美食色之欲，也还是重演昨天的老把戏！岂止是昨天的，也就是前月、去年、去年的去年的老把戏。他们的生活就是这样了！

《生活》

绷架上的工艺

苏州的刺绣

最近在苏州参观江苏省工艺美术研究所。敞亮的工作室里，著名的金静芬老太太与好些中年妇女和女青年在那里刺绣，大多是赶制“七一”的献礼品。谁都像忘了自己似的，全神贯注在一上一下的针线上，使参观的人不敢轻轻地咳嗽一声，不敢让脚步有一点儿声音。“绷架”上或是大幅，或是小品，大幅几个人合作，小品一个人独绣。花线渐渐填充双钩的底稿，于是一只有神的眼睛出现了，一张娇艳的嫩叶出现了，层叠的峰峦显出了明暗，烂漫的花朵显出了阴阳。

大凡工艺美术的活儿，要是要求不高，竟可以说人人干得来。譬如刻图章，说容易真容易，阴文只要把字的笔画刻掉，阳文只要把字的笔画留着。有些小学生中学生爱找一块图章石买一把刻刀来玩儿，原由之一就在刻图章这么容易。但是要讲布局，要讲刀法，要讲整个图章的韵味，就连积年的老手也未必个个图章都能踌躇满志。刺绣这活儿，无非拿花线填充底稿而已，只要针针刺在界限上，线跟线不散开也不重叠，就成了，这还不容易？但是要讲选用花线颜色恰到好处，要讲丝毫不露针线痕迹，要讲整幅绣品站得起来，透出生气和活力，就跟画家画一幅惬心之作一样，是不怎么容易的艺术造诣。有些绣品诚然平常，如演员身上穿的戏衣，如百货店柜台里陈列的椅垫枕套。我看江苏省工艺美术研究所完成的绣品，却几乎幅幅是惬心之作，是不用画笔而用针线画成的好画。在从前，谁绣出这么一两幅，人家就交口赞誉，称为“针神”了。而现在“针神”竟有这么多，静静地坐在那里刺绣的老年、中年、青年人全都是“针神”！百花齐放的时代啊！她们的成品在好些刺绣车间里是制作的楷模，在展览会和陈列馆里是引人注目的展品，在国际交往间是最受欢迎的礼物，需要那么多，因而经常供不应求。

《刺绣和缂丝》

苏州刺绣的针法

新创的针法听说有好多种，没仔细打听，说不上来。研究所正在写稿子，总结种种经验，我很盼望早日成书问世，虽然完全隔行，也乐于知其梗概。一句话给我印象很深，说努力的方向在使画面富于立体感。的确，我们看见的旧时的佳绣，工致匀净有余，生动活泼不足，换句话说，就是缺少立体感。要画面富于立体感，就是说，绣品要超过旧时的佳绣，真够得上称为生动活泼的好画。这个方向定得好，见出革新的精神和追求的勇气。而摆在面前的绣品，几乎幅幅是好画，又可见新针法新经验已经起了作用，所谓富于立体感已经在艺术实践中做到了。刺绣固然不是垂绝之艺，可是一代一代传下来，艺术上的发展不怎么大。现在多数人集体钻研，共同实践，有意识地要它发展，发展果然极大，往后精益求精，前途何可限量。这儿我只是就苏绣而言，此外如湘绣、广绣，虽然知道得很少，想必跟苏绣一样，近年来艺术上也有大发展，为历来所不及。

对于女青年，研究所规定常课，要她们练习绘画。这个措施极有意义。既然要用针线画画，练习用画笔画画自然有很大好处，从这中间通达画理，无论选线运针就都有另外一副眼光了。我知道在那里刺绣的老年、中年人，她们年青的时候没受过这种基本训练。她们从小学刺绣，无非练成个手艺，贴补些家用而已，精不精并非主要考虑的事，偶尔有几个人用力勤、用心专，天分又比较高些，才成为好手。现在不同于她们年青的时候了，刺绣是工艺美术之一，要学就非精不可，于是注重基本训练，借以保证人人能精。这是现在青年的好运气，也是刺绣艺术的好运气。

《刺绣和缂丝》

苏州的缂丝

（苏州江苏省工艺美术）研究所里不仅刺绣一门，还有缂丝，象牙雕刻，黄杨浮刻，这几门也是制作兼研究，所以这机关叫作工艺美术研究所。现在光说缂丝。缂丝是始于宋代的一种丝织工艺，宋以来的缂丝佳作，现在在少数几个博物馆里还可以看到。在清代，苏州担负了皇家的织造任务，缂丝就在苏州流传，织工聚集在城北叫陆墓的小镇上，主要织造宫中所用的袍料。近几十年来，干这一行的越来越少了，知道什么叫缂丝的也不太多了，缂丝成为垂绝之艺了。1955 年初冬我到苏州去，那时候刺绣合作社刚组织起来（就是研究所的前身），就从陆墓请来几位老艺人，让他们传授这个垂绝之艺，其中一位姓沈，七十多了。这一回没见着沈老，听说他还健康。堪喜的是现在不织什么袍料，而是继承着宋以来佳作的传统，织优秀的画幅了。更堪喜的是老一代培养年青一代，缂丝这一种工艺不仅保存下来，而且将像刺绣一样，老树枝上开出新鲜的花朵。

缂丝是怎么一回事呢？不妨拿刺绣来比较，刺绣是在现成的料子上加工，绣出图画或是文字，缂丝是在织作的时候织出图画或是文字，织料子织花纹一气呵成。缂丝又跟织彩缎文锦不一样。彩缎文锦也是织料子织花纹一气呵成的，因为图案有规则，彩色有限制，依靠纹工的事先安排，各色纬线一梭去一梭来，梭梭都径直穿过。缂丝可不一定织图案，彩色看稿样而定，譬如稿样是一幅花卉，彩色很复杂，每种彩色又有不同程度的深淡，缂丝都得照样织出来。这就不是纹工所能事先安排的了，只能把花卉画的轮廓描在经线上，用小梭子引着深淡不同的各色纬线，看准稿样的彩色一截一截地织，某一梭该三根经线宽就织三根经线，某一梭该五根经线宽就织五根经线。两脚踩着织机的踏板，牵动经线一上一下，一堆小梭子搁在旁边，手里拿个小铁篦挑起几根经线，就捡一个适当的小梭子穿过去，随即用小铁篦轻轻地把织上的纬线贴紧。整幅缂丝就是这样织成的，真是磨细了心思的工作。

《刺绣和缂丝》

任嗜闲绣的肖像

今年（1986年）年初，民进开六届三中全会，谢孝思老同志从苏州来参加，苏州刺绣研究所恳请他带来一幅我的肖像，是特地绣了送给我的。大家看了都说绣得非常之像，不但形似，而且传神。针线疏朗，色彩淡雅，像钢笔素描，又像蚀铜版画，可是线条保持着针绣的韵味。听大家这样说，我想这幅绣像该称得上曲园先生赞美沈寿之作的所谓“神品”了。可惜我（因为左眼已经失明，右眼也只能辨认朦胧的形象）只能看到个模糊的轮廓，只能认出来绣的的确是我。至于大家说的色彩、针法、韵味，我只能想象得之了。

至善告诉我，一年以前苏州刺绣研究所来要我的照片，说要给我绣肖像，他说刺绣的工程太大，代我再三辞谢，又感到盛情难却，终于把照片寄去了。刺绣研究所的来信上说，底稿是画师余克危同志的手笔，工艺师任嗜闲同志绣了四个月才完工。还打听到余克危同志是画西洋画的，年纪四十出头，任嗜闲同志是位年逾古稀的老太太，她绣我的肖像用了一种新的针法，叫作“虚实乱针绣”。

继承苏绣的传统又不拘泥于传统，探索各种绘画的表现手法，把握其特色为我所用，不断地丰富刺绣艺术，开拓刺绣艺术的新领域，都表明苏州刺绣研究所名副其实在研究，决非一个普通的刺绣工场。记得50年代我第一次去参观，就看到了绒线绣，作品的色彩浓重而厚实，与油画相仿。材料用绒线，底色是亚麻布，都是苏绣从未用过的，可是按画稿的色彩捻成颜色和深浅各不相

1935 年秋，叶圣陶（靠前穿长衫者）与沈从文（后穿深色衣者）、张兆和及张允和（穿黑裙者）同游天平山。

同的绒线，用紧密齐整的针脚布满在底子上，可又是苏绣的传统手法。当时正在绣制几幅大寸尺的出国展品，我想国际友人看了，也会赞叹不置的。

过几年再去参观，就看到了乱针绣。色彩明亮淡雅，说是水彩画吧，明明有线条，说是粉笔画吧，粉笔画的线条没有光彩，也没有这样细而直的。用的丝线也是按画稿上的色彩捻成的，针脚大多一寸来长，长于传统针脚的两三倍。最大的特点自然是乱，底子是缎子，布满了横七竖八的针脚，而传统的刺绣是一针挨着一针，排比得紧密而齐整的。可别以为乱就是乱来，无数横七竖八的针脚组成一幅画，这还不算，要像，又要传神，怎么可以乱来呢？每一针下去，走向、长短，都得比照着画稿反复端详，郑重又郑重。针法虽又是创新，认真细致的传统可没有改变。

苏州刺绣研究所不但有经验丰富的老工艺师，还有好几位画师，有专长临摹的，有专长写生的。工艺师不断地有所创造，得力于跟画师的合作和互相切磋。培养年轻人，则绘画与刺绣并重，临摹与写生并重，继承与创新并重，这样的教学方法，我非常赞成。每次回苏州，我总要去刺绣研究所看看，好像探望老朋友一个样，看看他们又有了什么新进展新作品，分享他们创造的乐趣。

虚实乱针绣，毫无疑问是乱针绣的一个创新，乱针绣上加“虚实”二字，一定跟满幅的乱针绣有所不同。我辨不清差别在哪儿，就问至善。至善告诉我说，以前看到的乱针绣，画面布满了针脚，这幅绣像可不一样。不同层次的明暗，用针脚的或疏或密来表现，因而有钢笔速写的味道。最明亮的部分留空，完全露出白色的缎子底子。如左半边脸的下方正好受光，这部分就留空，也不是绣一条细线来勾出脸的轮廓，而用绣在背景上的针脚把受光的部分衬托出来，看着更加自然。针脚密，横七竖八叠在一起，有针脚稍有差次还可以掩饰过去。这幅绣在高 50 厘米、宽 40 厘米的白缎子上的肖像，针脚那么少，那是一丝半缕也马虎不得的，怪不得大家看了都赞叹不绝口。

前边说过，至善说他感到苏州刺绣研究所的盛情难却，还是把我的照片寄去了。现在绣像捎来了，我当然异常激动，感谢无量。我感谢苏州刺绣研究所，感谢画底稿的余克危同志，特别感谢辛劳了四个月的任嘒闲老工艺师，也感谢不嫌累赘，把这幅绣像带到北京的谢孝思老同志。

绣在画面上的固然是我的形象与姿态，可是，绣得这样妙肖，全由于工艺师的艺术修养与熟练技能。这样想来，这幅绣像能否完全属于我呢？还是那句话，由于盛情难却，我必得敬受，暂且保存。在最近的将来，一定要归回苏州刺绣研究所珍藏。

《来自故乡的礼品》

顾文霞惠赠所绣猫蝶图

小猫仰蝴蝶，定睛微侧首。侧首何所思，良难猜之透。

未必食指动[①]，馋涎流出口。未必如庄生[②]，蝶我皆乌有。[③]

猜之亦奚为，[④] 但赏针法秀。小品状二物，恍睹[⑤]春晴昼。

---

① 食指自然颤动，得盛馔之预兆。《左传·宣公四年》：“楚人献鼋于郑灵公。公子宋与子家将入见，子宋之食指动，以示子家曰，‘他日我如此，必尝异味。’”

② 相庄子：名周，战国时宋蒙人，曾为漆园吏。相传楚威王闻其名，厚币以迎，许以为相，辞不就。著有《庄子》十余万言，往往出以寓言，主张齐物我，齐是非，齐大小，齐生死，齐贵贱，安时处顺，逍遥自得。

③ 指庄子梦蝶故事。《庄子·齐物论》：“昔者庄周梦为蝴蝶，栩栩然蝴蝶也……俄然觉，则蘧蘧然周也……此之谓物化。”乌有：没有。此句言庄子想入非非，既否定蝶的存在，也否定了自己的存在。

④ 猜他做什么。

⑤ 似乎看到。

制作者谁欤？文霞传顾绣[1]。投邮远见贻，受之感意厚。
文霞擅此艺，勤习始自幼。功到二美兼，灵心并妙手。
往尝涉重洋，神技当众奏。观者咸惊叹，丝绘[2]顷刻就。
声誉驰独域，荣光宁独受？[3]精进愿无涯，以为文霞寿。[4]

《顾文霞惠赠所绣猫蝶图报以诗》[5]

群英荟萃

俞曲园先生和曲园

俞曲园先生是清代末叶的著名学者。他的学术成就是多方面的，主要是继承了高邮王氏父子这一学派，用音韵、训诂来解释古书，这方面的著作有《群经评议》和《诸子评议》。他的诗、

① 刺绣流派之一，创始于明嘉靖时进士顾名世家，故称。顾名世在上海筑有露香园，其子会海之妾所刺绣人物字画，极为工巧，露香园顾氏绣自是驰名。后其技艺广传苏松一带，亦称苏绣，松绣，与湖南之湘绣并称于世。
② 以丝绘画，即指刺绣。
③ 得到光荣的怎么是一个人呢？意思是这也是中华文化的光荣。
④ 以前边的话来为顾文霞祝寿。
⑤ 顾文霞为苏州刺绣研究所高级技师，后任所长。猫蝶图：猫蝶谐音“耄耋”。耄耋：指七八十岁以上之老年人。赠猫蝶图，乃祝寿之意。圣陶先生 1962 年 4 月 1 日日记：“顾文霞馈余刺绣小品，欲作一诗赠之，得句若干而未完篇，俟他日续为之。”次日日记：“灯下足成赠顾文霞之诗。文霞尝到欧洲当众刺绣，观者赞叹，故诗中及之。”

文自成一家，文从辞顺，并不模仿古人，故而在文学方面很有创新的意味。他在小说、戏曲、通俗文学等方面也有不少著述，但是不甚受人注意。他的全部著述汇编成集，叫作《春在堂全书》，共五百卷。

曲园先生的原籍是浙江湖州府德清县，幼年却住在杭州府仁和县的临平镇，所以他说话带临平口音，杭州可以说是他的故乡。但是更确切地说，曲园先生的一生，跟苏州的关系最为密切。

早在太平天国运动以前，他从河南罢官之后直到晚年，住在苏州的时间最长久。开始住在庚戌状元石韫玉（琢堂）的旧屋五柳园中。马医科住宅建于光绪初年，所谓“曲园”在住房西侧春在堂的北面，因为地面是□形，跟篆文□（曲）字相似，故名“曲园”。其中开了个凹形的小池塘，又跟另一个篆文□（曲）字相似。曲水亭三面临水。对面有回峰阁。南侧的假山有两条小径，上有平台可以憩坐。北侧也有山石。牡丹台面对达斋。全园占地不大，可是布置极佳。

解放以后，曲园由曲园老人的曾孙俞平伯先生捐献给国家，现在年久失修，而且成了好些人家聚居的杂院。像曲园老人这样一位学者，咱们应该纪念他。而要纪念他，保存并修缮曲园是最好的办法。曲园的面积并不大，修缮并不费事，不用花大笔的钱，而对于发展旅游事业，尤其是增进中日友谊，却能起极好的作用。

曲园老人的著作，日本朋友购置的很多。日本学术界一向仰慕曲园老人，有不少日本学者专程来华，拜他为师。他又编选过日本人的中文诗，名为《东海投桃集》，收入《春在堂全书》。

曲园先生罢官以后，长期任杭州诂经精舍的山长。诂经精舍是个书院，书院是专门培养学术人才的学校，跟当时的科举制度并不相干，山长相当于校长。曲园老人虽在杭州任山长，在西湖边还有他的俞楼，可是他一直喜欢住苏州，只在春秋两季去杭州讲学，这样情形连续了三十一年。直到戊戌年他的孙子，平伯先生的父亲阶青（陛云）先生中了探花，他才不再两地往返，专住苏州，逝世之后才移灵杭州安葬。他的《春在堂全书》五百卷，大部分是在苏州著作的。苏州很多游览胜地都能见到他的墨迹，其中最为人们所熟悉的，是寒山寺的唐人张继《枫桥夜泊》诗碑。这块碑原来是文徵明写的，后来遗失了，曲园老人重写此诗，刻碑留在寺里。日本人一向敬重曲园老人，到苏州游览的，几乎人人要购买这块碑的拓片带回去。

修缮曲园，既是保存古迹，又可以促进国际交往，发展旅游事业。最近看见报载苏州成立园林建筑公司，修缮又很方便，我想，我的建议将会引起苏州市园林局直至中央文物局、旅游总局以及各界人士的注意和考虑。

《苏州报》1980 年 1 月 24 日

亭林先生诞生三百七十周年纪念

德业唯匡济，言行务实先。日知宁漫录？天下信鸿编。

朴学开清代，昆山仰大贤。兴亡匹夫责，爱国典型传。

1983 年 8 月 28 日作，《叶圣陶集》第 8 卷

叶圣陶为茅盾《子夜》题签之一

追念柳亚子先生[①]

南社风流弱岁倾，骚心侠骨柳先生。

中年謦欬获亲接，如饮醇醪仰老成。

---

① 叶圣陶5月18日日记："前数日柳无非来电话，言亚老逝世二十五周年之期将届，嘱余为文付民革之刊物。余念作诗较省事，四绝句即可了事。今日专心作诗，时时思索，居然得三首。"

5月18日日记："上午续作一绝，已得四首，可以交卷。交至善抄之，当寄与柳无非，由彼交去登载。"

"第二首春航姓冯，为当时京剧旦角演员，亚老盛称其艺，并誉其品格。"

"第三首言亚老知《倪焕之》中王乐山之沉江而死系本侯绍裘惨死事，尝作诗咏之。"

曼殊平素春航艺，大笔频挥耀报章。
多少民初同学辈，传抄告语兴如狂。

实迹偶拈资说部，囊人纷刃举沉江。
乃承入咏我知故，怀旧诛奸取义双。

北上同舟乐唱酬，共言个己别无求。
此是当年时代感，大同篇亦记从头。

1983 年 5 月 18 日作，《纪念柳亚子先生特刊》

百字令·题伯祥手抄《清嘉录》[①]

清嘉顾著，展伯翁精缮，闲窗重读。少半童年亲阅历，情景宛呈心目。物候农谣，土宜时尚，迷信觇民俗。诗词博采，吴风于此综录。　　稍惜自喜沾沾，士绅观点，偶亦充篇幅。从古谁曾超局限？奚责铁卿能独？逝者如斯，新来大好，消息家乡熟。清嘉依旧，而非是录之续。

1973 年 11 月 6 日作，《艺术世界》1980 年第 1 期

① 叶圣陶1973 年 11 月 6 日日记：“伯祥手抄顾铁卿之《清嘉录》，历三个月而毕。近借与余观之。余前曾看过此书，今为重看。因忆及幼年所历种种，亦复有味。伯祥嘱余题辞于其手抄本。自昨日下午迄今日上午，成《念奴娇》一阕。即书寄伯祥，请共斟酌，然后书之于卷端。”11 月 9 日日记：“伯祥来复信，谓余题《清嘉录》之词稳妥。然余于末了一韵尚有所改动，即据改本书于伯祥手抄本之卷首。”

题平伯所作题《桐桥倚棹录》十八绝句抄本[①]

颉刚前购得苏人顾铁卿《桐桥倚棹录》[②]刻本，系叙虎丘胜迹，并及工艺栽植之作。平伯尝为题十八绝句，余皆寓目焉。近者，伯祥之幼子湜华缮写平伯之十八绝句为一册，请颉刚平伯题其端，次乃示余。颉刚追溯中学时代彼与伯祥与余三少年恒往玄妙观觅书，然后叙得此《桐桥倚棹录》之经过，复以录中颇重《货殖列传》，郑樵诋班崇马，而其所为《通志》，于工商业则依然空白云。湜华欲余赓作，遂题此诗。

玄妙观中三年少，老寓京华东城道。
重讽俞公题叙诗，缅想幼倚桐桥棹。
俞公怀古忆儿时，酝酿性情铸雅辞，
七里山塘宛在目，故乡清嘉系人思。

---

① 叶圣陶1973年4月10日日记："伯祥之幼子湜华抄录平伯前所作《题顾铁卿（清道光咸丰间人）所撰〈桐桥倚棹录〉兼感吴下旧悰》十八绝，请颉刚、平伯题之，次以示余。余于平伯之诗前曾见过，而颉刚、平伯之题语则为初见。颉刚文追溯中学时代，谓彼与伯祥与余三少年，时共入玄妙观中旧书摊觅书，然后叙及以后购得《桐桥倚棹录》之经过。余构思数日，零星得句，今日完成一诗，即写于平伯题语之后。"

② 顾铁卿著，专记苏州阊门外山塘虎丘一带之山水、名胜、寺院、祠宇、第宅、古迹、市廛、工作、舟楫、园圃、市荡、药产、田畴等，共十二卷；因唐李嘉祐"春风倚棹阖闾城"诗意，遂名其书曰《桐桥倚棹录》。

颉刚题语中盛赞顾氏之录，谓其详叙虎丘山塘手工业。因及太史公之《货殖列传》。又谓郑樵诋班崇马，而其所为《通志》，于工商业"依然空白"云。

故乡自昔几桑海，解放到今彻底改，
游惰蠲除百业兴，消费城市哪复在？
龙桥亩产双千斤，观者偕来纷如云。
绸缎日出三万米，未敷五洲需求殷。
不须备叙农轻重，出工上班看群众。
欣欣跃跃古来无，但凡有才胥致用。
顾公题语衡迁樵，于传货殖判卑高。
故乡货殖今若此，公倘书之迁可超。

1973 年 4 月 10 日作，《叶圣陶集》第 8 卷

鹧鸪天·酬平伯兄惠贶所书与耐圃嫂唱和之词

平伯兄书与耐圃嫂唱和之词惠贶。《望江南：忆苏州旧游》皆以“苏州好”发端；《鹧鸪天》言近岁居豫南时情怀，一词而各续其后半，如燕尾之双叉。余作此酬之。

五十余年相后先，望江南与鹧鸪天。苏州旧赏诸般好，农活初参稍稍娴。 征往事，想当前，几人唱和共华颠。晚晴聆笛多余韵，待续新腔企永安。①

1976 年 6 月 30 日作，《艺术世界》1980 年第 1 期

① 叶圣陶注：“某日下午访平伯于永安南里，听放录音中有平伯夫妇唱其所作词。末句赋此新词亦望谱而唱之。”

题元善兄先人临池

元善示以其父式之四十岁时所临《改修吴延陵季子庙记》嘱题

趋庭数耳元兄叙，杖履幸亲一度才。[1]
今展临池精妙迹，恍瞻庄肃故神来。

1973年10月17日作，《叶圣陶集》第8卷

赠范烟桥[2]

七十抒怀示我诗，并生甲午忝肩随；
草桥共学犹如昨，京肆联觞各未衰。
举国齐担天下任，乃心唯向大同时。
今人殊胜古人处，老见春荣乐不支。

1964年1月5日作，《叶圣陶集》第8卷

题《石湖棹歌百首》稿本

谢刚主近在上海收得许达夫重录《石湖棹歌百首》稿

---

① 叶圣陶1973年10月17日日记："元善前以其父四十岁时所临之《改修吴延陵季子庙记》相示，嘱为题咏。其字书于长元吴公立高等小学校所印之九宫格，此校即元善、颉刚与余就学者也。今日构思得句，屡经改易，最后如左方所书者。"

② 叶圣陶1964年1月5日日记："去年范烟桥曾寄示其七十自叙诗，嘱写一诗笺赠之，久而未报。近日得句，今晨足成，即书一笺寄与。"

本。许达夫（名锷），道光咸丰时人，布衣，家居葑门，工诗，善楷书。此本画乌丝阑，小楷极精。

石湖百首许君歌，写作俱佳劫不磨。
小印悉工笺亦雅，刚翁赏玩乐如何？

百咏于今德不孤，或题诗笔或留图。
眼明最爱从周绘，如此烟波洵石湖。

因诵斯编忆幼笔，嬉春爱上上坟船。
石湖想象成沧海，柳坞桃村望若仙。
中学时期三人行，石湖来去脚边程。[①]
桥头塔畔留珍忆，山色波光证友情。

1976 年 11 月 7 日作，《叶圣陶集》第 8 卷

矫毅为余治三印作此酬之[②]

矫君任事于苏州美术工艺厂。去年刘秉祥托刻一章相

---

① 值休日辄偕伯祥、颉刚二兄远足西郊，横塘石湖为常到之处。苏人谓寻常经行之路为“脚边程”。

② 叶圣陶 1976 年 4 月 12 日日记：“今日接陈从周信，告为余刻二章者矫姓毅名。乃忆去年 5 月在苏时，惠沅之长女交余一印，刻余之姓名，边款亦书矫毅，盖系苏州美术工艺厂中之人员。因陈从周有酬以小件之嘱，乃思作一诗，书而寄与之。半日完成得六韵。下午书之，并作书致矫，俟明日寄出。”

1984 年 2 月 1 日与家人合影。这是叶圣陶在“家”里过的“最后一个除夕之夜”，其后的“农历三十”都是在北京医院过的。

赠，近则陈从周为致二枚。

去岁五月返苏州，
小印颁自燕瓦楼[1]。
正愧申谢书未修，

---

① 叶圣陶自注：“矫之所居”。

复得二章豁双眸。

深凿细雕无不遒，

如闻奏刀风飕飕；

方正严谨意绸缪，

气度直追汉法[①]优。

所惜吾作俱恒流，

钤用佳章只自羞；

譬诸花上丑女头，

清扬婉兮哪可求？

1976 年 4 月 12 日作，《叶圣陶集》第 8 卷

浣溪沙 · 赠叶寄深[②]

叶寄深治盆景五十余年，作此赠之。

为访虬株与老根，

深山不惮踏烟云，

荷锄戴笠累晨昏。

弥重携归如得宝，

---

① 指汉铜印的法度。

② 叶圣陶 1977 年 6 月 6 日日记："苏州叶寄深嘱为其收藏之画幅册页题词，今日为书篆字十二字，'萃诸家于一帙，资晚岁之清娱'。彼又嘱写字幅，作'浣溪沙'一首赠之，言其始盆景之癖好。彼自言嗜此五十余年矣。"

栽培裁剪尽辛勤，

好之五十有余春。

1977 年 6 月 6 日作，《叶圣陶集》第 8 卷

叶圣陶、胡墨林在角直租住的陈氏怀仁堂走马楼

羅漢昔觀漏雨淋
九尊今看坐碧岑
供奉無復教宗涉
来者唯好古塑深
兼陳文物得其宜
位置對石見匠心
重来顧酬逾半紀
此日盤桓豁匈襟

一九七七年五月十六日來游十月二十五日補題 葉聖陶

五十五年復此程
淞波卅六一輪輕
應真古塑重經眼
同學諸生尚託名
鬥鴨池看殘跡在
眠牛涇憶並肩行
再来沸盈耳無限
殷勤送別情

一九七七年重到甪直作 葉聖陶

重访甪直赋诗两首

回家

1946 年 10 月

晨四时即起。六时，偕墨及小墨、三官至北站。同人及其家属渐集，遂登车。车系托振铎说项（其亲戚在车站为职员），包定一辆，挂于特快车之后，虽不能人人有坐，而自由畅适多矣。车以七时开，开即唱明社社歌，藉志欢快。于是大家谈笑，久不尝此乐。余自（民国）廿六年五月返苏，乘京沪车尚为第一次，颇有感慨，而莫可言述。

抵无锡将近十时，即登预雇之无锡大号游船，船以摩托船拖带，先至蠡园。园临一湖，结构颇平常。余于此等处，皆不感兴趣，随众一望而已。园中有一钢干矗立，高约等于四人之高。有人揉升，余亦一试，至小半而力不能上。此为余幼年所优为，今腕臂之力不济矣。复登船，直放鼋头渚。登小阜，至万方楼，进午餐。余与洗公、村公、伯祥等同席，饮酒甚多，同游者十席，余辈独后散。饭罢已三时，遂回城，停泊一次，游某名胜，余未上岸。靠城已入暮，会餐于聚丰园。菜甚佳，而腹中方饱，不觉其美。食毕至车站，仍登原定之车。

车于八时后开，九时后抵苏。余与墨下车，雇人力车入城。离此城九年余矣，街巷重经，似无变更。至铁瓶巷，圣南候于门前，遂登楼。知硕丈方自黄埭来城，以卧榻让余，故宿于仲靖澜家。共话一时许，乃就睡。

1946 年 10 月 11 日日记

硕丈以七时来。矍铄犹昔，精神仍甚年青，颇知光明方面之情状。老翁如此，大足兴奋。共进面点于某馆。

余与墨往青石弄视家屋。房屋尚不甚破败，租居之人家略加修饰，屋内尚不坏。唯庭中则乱草不除，颇见荒芜。树木皆已长大，海棠、梅树、杏树、石榴、枫树、柳树皆在，唯广玉兰一株不见，殊为可惜。

坐半时许，驱车出葑门，至安乐园，拜铮子内姑母之墓，依然完好，大慰。

返铁瓶巷，圣南请我们吃蟹，硕丈略谈别后情形。

四时，偕墨出城，买得二等票，乘五点二十九分特别快车。车中殊拥挤，不得坐，只得站立。车不误点，以七点半到沪，即乘三轮车而归。

1946 年 10 月 12 日日记

1948年3月

3月27日，星期六

十一时，偕小墨往车站，与朱光暄君，及张无垢、陈守勤、卢漱玉三小姐同行。卢返其家，朱、陈、张三人则到苏州春游也。

车以一点五十分开，四时后到苏。雨渐下，穿雨衣步行入城，与其他四位分别。路滑，举步不易。到观前，觉累甚，乃与小墨就宫巷中一家小酒店小饮。余欲重温少年时代买醉之景，而酒人殊寥落，提篮卖小菜者亦稀，颇非当年之景象。或者我辈入店太早耳。而苏地中产者之没落，不复能过悠闲之生活，必为其因之一。

酒罢已暮，至幽兰巷，探钧硕、圣南之家，数问而后得之。他们候我等不至，正在疑怪，为说明小饮延时，乃恍然。其家甚宽适，房间大于上海房子一倍，有一轩，三面玻窗，窗外为一大花园，卉树甚繁，夜黑不能望见。谈有顷，即就睡于轩中，窗外雨声颇密，念明日上坟，希其速止。

3月28日，星期日

晨起雨未止。开窗望花园，知花树几无所不有。桃花已谢，杏花将落。海棠数树，繁蕾已垂。牡丹亦有蕾。余心爱树木，一一观玩之。

念此来为上坟，虽下雨，非去不可。因与小墨出胥门，登开往洞庭山之轮船。客甚挤，进早点，买小食，纷纭不休。船以八点二十分开，约行四十分钟，至石湖边杏春桥，余等上岸。冒雨在上方山麓行，至于仁湾，访至坟客朱家。余所知朱心香一辈皆已亡故，今所遇为其子二人，其侄一人。到坟上观看，石栏颇有损坏，驳岸之石几已无存。如此坟工，略加整理，即所费不赀，且整顿坟墓，余亦以为无多意思，且任之耳。酬坟客以 120 万元，足足十年未曾上坟，酬以此数，实不丰也。

请坟客摇一无篷船，送我等返杏春桥。雨中过石湖，烟波浩渺，亦有别趣。入石佛寺，寺无人。幼年上坟，每到此一观，其时未亲岩壑，见此亦觉新鲜也。

循塘路行，至于横塘。候苏福汽车过，登之，回至胥门。即步行返幽兰巷，则硕丈已自黄埭来，清健犹昔。钧硕为余等沽酒十斤，谓须由我父子二人包办，乃饮酒，圣南妹治馔甚忙。饭罢小休，侍硕丈出行，先至怡园，其中破败不堪，假山仍旧，而亭榭卉木皆不如昔。世界已变，此种文化必当淘汰矣。遂至悬桥巷九如吃茶，其处多棋局，硕丈入城，恒来此观弈。余因告小墨，此悬桥巷为余出生之地，此九如茶馆，余幼年即有之。坐约二小时，乃归。旋复饮酒。

晚晴，明日当可不穿雨衣矣。九时睡。

3 月 29 日，星期一

天放晴，听园中鸟声相应，殊感愉快。

八时许，与小墨至青石弄看家屋。园中三柳方呈新绿。杏花已谢，海棠将作花。广玉兰本干已去，自根处萌新条十数，上缀叶芽。枫树高齐屋檐，十年前仅两尺许耳。屋后一桃树，花开烂漫，一大枝出墙外。此是十年前由桃核萌发者也。爬墙草遍于四墙，叶芽尚未生。观房屋则泥饰颇有损坏，门窗亦须修理。询租住者，知屋间有漏处。而地板亦有动荡者。若将来回苏居住，徐徐修整，尚不甚费事。特不知何时实践此愿耳。

至公园，花木颇修整。憩于东斋。朝阳入廊，游人未集，一望尽树色，意甚舒。遂至观前，购糖果及酱肉之属。各种店铺，一一认之，勾起回忆。又入玄妙观，登三清殿，自前绕至后，下等之书画铺仍满，此则自幼年所见即然也。观内吃食摊几满，我等未之尝。访一家旧有之酒酿铺，其家适不开，遂亦不复思吃酒酿。

回幽兰巷，即饮酒，至此，十斤之酒尽。饭后，余睡一时许。与硕丈闲话。至五时，又吃早夜饭。

六时半，辞硕丈等至车站，与卢小姐会。车票由卢小姐向站长购买，系对号入座者。若不然者，以今日游人之拥挤，即平常之票亦难得，遑言对号票矣。

车以八点十几分开，一路不停，径达上海，时十点方过。步行到家，母亲与墨尚未入睡。话两日来经历，就寝已十二时矣。

1948 年 8 月

8 月 10 日，星期二

明日将往苏州游荷花荡，系达君请客，邀夫妇将十对。船菜由芷芬之侄默庵预订。

8 月 11 日，星期三

晨早起，与墨步行至车站，登车，同人多先至。票系对号，熟人聚坐一起，甚舒适。七时开行，九时到苏，余坐当风，凉爽而微感头涨。

出站即登预雇之大木船，舱极宽敞，可容四桌人，而我辈仅二十余人，太觉舒服矣。撑至阊门，泊舟。候做菜原料至，遂以小摩托船拖行。绕胥门、盘门至葑门，出觅渡桥而南，至宝带桥，折而东，即至荷花荡。荷花已不多，然尚随处可见未开之花苞。十二时开宴，菜多而精。所谓船菜名手，本不多，今以生计艰困，堪此享受者趋没落，若辈早已歇手。默庵设法觅得三人，使临时复员一天，及成此局。据谓此调恐将成《广陵散》矣。余饮黄酒约斤半。小舟群集，兜售荷花、藕、莲蓬。各买之。

四时，舟至胥门，皆登岸。余与墨及伯翁往访硕丈。遇之，品洞庭山碧螺春，甚佳。遂至观前街购糕饼，即乘人力车到车站。车以八点十五分开，十时到上海。回家洗身，临睡将十二时矣。

1948年10月

10月1日，星期五

七时半至车站，应高祖文之招游苏州，同游者振铎、予同、辰伯、黄裳。至，则诸君几皆先到，唯予同未来，不久亦偕许杰同来。许在社会教育学院执教，今日往上课也。

车以十点半到苏，高之夫人及其友人许显民女士在站相候。许为商营汽车公司之经理，备大车一辆，载全体径趋木渎。先往观韩蕲王碑。幼时观此碑，屹然立灵岩山下，不知何时倒仆，碎为数块。今以水泥为框，碑端与碑文并立，碑文几全不可认。上有萧蜕篆书题字，记乙酉年，则民国三十四年也。赑屃之头已断，头没草间。黄裳拾一小石块，系青石，断为此碑碎块。

于是入木渎镇，至石家饭店。此店以于右任"多谢石家鲃肺汤"一诗得名，二十年来，游人争趋之。余等此来适得其时，正有鲃肺汤，然此汤实无甚好吃。其他菜肴均佳。全体饮酒四瓶。

遂以肩舆上灵岩山。男女农人竞抬肩舆，纷扰殊甚。余前未乘此，觉颠荡殊甚，损于西南之抬滑竿者多矣。观印光法师塔院，观寺之大殿及殿旁花园。然后从后山下，径趋天平。自高义园登山，憩于兼山阁，品钵盂泉，此处余于小学二年级时初到，觉其幽静，意识界一新。今来仍觉甚佳，确有山林之趣，同游者亦赏叹，听空中鹞鹰长鸣，悠然意远。

四时半下山，从灵岩山麓行，仍至木渎。于是乘车入城，抵观前街吴县县银行，晤吴觉民君，亦祖文之至友也。重复宴饮，肴精而丰。许杰偕马荫良及社教学院其他二教师来访，相与对饮，又尽酒六七瓶。

振铎、黄裳欲访书，而护龙街书肆已关门，叩之都不应。于是至景德路汽车公司总所，许女士特于其经理室设榻容我等睡。室甚精洁，唯有蚊虫少许，余两臂起块几满，以是未得好睡。

10月2日，星期六

晨六时即起。黄裳自其友人家来，祖文自其家来，遂往访汪氏义庄之假山。其园已荒芜，台榭皆破败，而假山如旧，大枫树一株如旧。此假山今日重观，觉其好在完整，以画的眼光观之，系整然之一幅。至于狮子林，即觉其琐碎，唯成湖石之展览会耳。同游者皆谓得见此山，乃此游良获。遂至观前，进面点于观振兴，各购糖果饼饵。

然后驱车出城，先至西园，亦见破败，唯一水依然。投馒头十数枚，巨鼋殊不起，盖节候已凉之故。仅见大鱼之影，攫得馒头即沉。遂至佛寺，观五百罗汉，观大殿。过留园而未入，闻破败更甚。至于虎丘，各处巡行一周，憩于冷香阁，食素面各一碗。十一时四十分抵车站，谢许女士与胡君之招待。特快车以十二时二十余分开，二时即抵沪。

此游甚匆忙，微感疲累。到店，看来信。

1955年11月至12月

11月25日，星期五

八点半听市之手工业局长谈苏市手工业情形。苏市手工业共有150种以上之行业。主要之特种手工业有刺绣、檀香扇、绢扇、宝素珠、宋绵、缂丝、各种雕刻、漳缎、漳绒、玉器、水晶眼镜片、红木小件各业。此类产品，1954年之产值为700多万元。合作小组、供销合作社与生产合作社三项现在有108个，组织在内者凡5400人，仅占手工业者之十分之一强，因此，今后合作化之工作，可为者正多。产品绝大多数为生活资料，一部分且为玩好品。生产资料仅占百分之五左右，则多为农具或与农具有关者。

九点半出胥门到阊门白莲桥浜，其地旧多制筷者，俗名筷子浜。今组成竹筷合作社，所有制筷子之户全部参加在内，今有社员294人。其社成立于1951年，为时颇早。原料为毛竹，采自孝丰。工作分截竹、劈竹、出方、出圆、打磨、染红、点金诸项，销路大部分在山东，估计今年产值为26（万）元有余。其售价甚低，一把筷子（十双）不到1角钱也。工资计件，最高者月可得50余元，最低者10余元。此社亦办业余教育，亦略有文娱福利。制品不但为筷子，不够制筷子之竹段则为纱厂、纸厂用之夹板云。

入阊门，观檀香扇合作社，成立未久，做国营商业之定货。社员四五十人，月可制6000把，而定货只有4000把。原料檀香来自印度。工作分锯粗坯、磨光、雕花、细磨、绘扇面、装扇面各项。每把扇子取得工资7角有余。社员如何分配，如何积累，尚未商定也。檀香来货不多，近试以黄杨为之。黄杨坚于檀香，而价值较低，所差者无香气耳。

回旅舍午饭，睡约一时许。两点半出发，至史家巷，观文联领导之刺绣小组。共有152人，妇女为多，妇女以中年、老年为多。以绣法分别，作苏州之传统绣法者最众，是因我幼时所常见，我母亦能作绣，唯造诣不高耳。今经合作，组织在一起，彼此观摩，各有进步。此外则有乱针绣与绒线绣。乱针绣在我国始于沈寿。绒线绣劈绒成细缕，可以数色之绒线并绣，收调色之效果。又有缂丝，则为机器之工作，此道于抗战时期已停机不做工。近方招得老技工十余人（中多男子，据云现在能为此者仅百许人耳），集中织机。机每人一架，于经线上织出花鸟。素地与花鸟同时织出，画稿上做何色，则以何色之丝织上，各色之丝各上于一梭，各梭轮换，事殊繁细。余久欲观此物之制作，今日始见上。

大凡绣屏与缂丝画幅，成一幅均须三个月。所成之品皆供出国展览。工资殊少，绣屏条者每天7角，绣靠垫、台毯者6角，绣花边者5角，缂丝一般为1元，特殊者以件计酬。何以不能多给一些，则以农村中以刺绣为副业者有四五万人，其工资更低，每天不过二三角耳。如何提高，尚待研究。我们谈论，此小组与其组成合作社，不如组成刺绣工厂，纯属社会主义性质，以参加者无所谓入股，已纯为工人之性质矣。

至拙政园，亦方有菊展，到处皆陈列盆菊。此园修整一新，黑柱粉墙，不落俗套。桌椅等物，皆细木之品，出自旧家者。余昔年固常游此园，而仅为此园之一部，今并西部之原属于张氏者为之。西部为初到，巡游一周，于一厅见陆廉夫花卉屏一堂，大佳。东部有空地数亩，亦将布置成花园，则大于往日三倍矣。

晚饭后谈明日节目，余决定往观学校半日。神州女学学生杨若彬来谈，渠在江苏师范学院女附中任教导主任，兼教语文。已是三十年之语文老教师矣。坐约四十分钟而去。

11 月 26 日，星期六

八时，偕潘副市长与至善、章臣桓往江苏师院，晤其院长及教师共十余人。此院近经调整，主要设自然方面之科系，此外则历史、政治、体育、俄语四科耳。询以辅助指导中学之情形，则谓现仅及于附属女中及附属工农速中，与一般中学虽非全无干涉，而尚不见关系甚密，以后将渐求进展。余仅提出希望注意中学课本与教学参考书，尽量提出意见。坐仅半小时而出，约一星期后当再来。

又至省立苏州高级中学，即三元坊师范学校旧址，已扩展甚多，旧时房屋所存无多，皆新建之屋。学生 1400 余，住宿生至众。余询校长及教导主任以学生对于课业是否消化，答谓近逐渐改期中考试为随时检查，觉学生对于课业之巩固颇有进展。承导观全校一周，面积至广，修洁犹差，图书馆布置颇大，藏书万余册。

又至试（实）验小学，新屋系去年落成，即在苏中与旧府学之南面。此校即往日之师范附小，明日将开五十周年纪念会，盖追溯至清末时期矣。巡行一周，于窗外听语文课，齐声朗读，总算说普通话，非复一字一拍。据校长云，语文课已用普通话教学，各科教师亦在自修北京语音矣。今日政令一出，各地皆重视，于此可见。

再回苏中，听化学课，讲甲烷。教师讲说与演示，有条有理，颇可满意。此校全系高中班。

十二点一刻回招待所，饭罢仍入睡。两点半至文化馆，即旧日之皇宫，观江苏全省肃反展览会，多图画与文字说明，及美蒋特务、盗匪、反动分子之赃物与武器。观一小时有余而出，参观者至拥挤。

至沧浪亭，亦经修整，而不改旧观，全无粗俗之气，大可赞赏。又至顾氏怡园，修整亦如沧浪亭，唯少当时之竹园。已于其处建房屋。沧浪亭与怡园，固余少年时常到之地也。又至汪氏义庄，观其假山，登跻一周，群皆赏其小而有丘壑。假山上高树两枝已枯死，西侧廊榭已不存，南面一厅亦不存。近方从事修整。凡园林之修整，归苏州市之园林管理处主之，用心规划者为周瘦鹃，此君颇不俗，能保持苏州园林之特色也。

六点返招待所。余买酒五斤，与同来者共饮之，酒尚可，每斤价 4 角 4 分。既而范烟桥、周瘦鹃二君来访。烟桥近为市之文化处处长，周则园林管理处之副处长。

既而自学小组之学生四人与青年团、青联之负责人来，共谈自学小组情形。苏州市自学小组为较有成绩者，自学而外，多参加社会工作。据若辈云，同学与家长皆以自学小组之办法，各方均有好处云。与青年谈话，颇觉畅适，一谈历两小时，其详由至善笔录之。

11月27日，星期日

八点半，郊区工作委员会副主席为我人谈郊区工作概况。我人欲往看虎丘一带之花农，渠亦略谈花农之情形。组合作社者大都不专营花业，亦兼种田地，唯此多彼少，互有差别。花谓之茶花，盖主要用以薰茶叶。花为代代、茉莉、白兰三种。珠兰以来源断绝，且栽培非易，虎丘已无复种植者矣。他则玫瑰，虎丘有某一区域种之。

九点半驱车出城，三元坊往南开一城缺口，至阊胥门之间登一小汽艇，直往寒山寺。此寺亦经修整，新筑一楼，窗明几净。于是至白洋村，观大众农业生产合作社。社长慎根世谈社中情况，自谓识字仅三百余，而了解政策甚透彻，发言有条理，此当然与识字无大关涉，还在实际上之领会。此社有田，有茶花，组社以后，极大户数皆增加收入。至善与会计员谈会计情况，以别去匆匆，未及抄其细账。

复乘汽船，行未久，抵虎丘山前。上岸，饭于镇人民政府，菜肴与烧手皆自城中带来。饭罢，游虎丘，茗坐于冷香阁。虎丘之修洁，亦为前所未有。阁上眺望，平野开阔，殊畅胸襟，惜树木尚稀。惠市长谓今后将大量栽树。余意谓宜先栽河道两岸。

往观虎丘塔。全塔稍向北倾侧，殆为时已久。塔之东面与西面均有一道裂缝，自上彻下，极为危险。大规模整修今尚不可能，亟须以最简省之办法为之防护，俟将来再修。朱偰（字伯商）告余，此塔建于957年，越两年即足千年。塔系砖砌，而仿木造建筑。余思此塔名气太大，自当设法保存。振铎掌文物方面之政，自应善为考虑，俾无损毁。

至虎丘下塘，观群力茶花生产合作社。社长钱荣生谈其社情形，语言有条理，亦不下于慎根世。观此辈状貌，固与往日之农民无殊，而自其口中能说出如许道理，可以见农民之进步着实可惊。此社茶花颇多。

储花之屋有两种，向南装玻璃顶、玻璃窗者曰花箱，瓦屋面设长窗门者曰花房。虎丘一带，花箱、花房弥望皆是，白墙全新，玻璃反射亮光，洋洋大观。振铎至谓世界上殆未有如是之大花田。解放以前，花业已垂毙，解放后花有出路，抗美援朝时花农捐献一架飞机。花箱之高度，以前无若今日者，高则可以多储花盆。

茉莉、白兰入花箱，代代则入花房，春暖移出。各季储入时，视空气燥湿，酌量浇水。将作花之时，则浇水为极费力之工作。

白兰须接枝于玉兰，不接则不易生长，且开出花来不白不大。茉莉宜于春季翻土，其时加糠灰。施肥则均用粪水。茉莉花色转红，由花心有害虫之过。花农似尚未注意使用杀虫剂。

至西园，于放生池上一望，亦复可爱，未见池中之大元龟。自罗汉堂穿出，至留园。留园原已破败不堪，日寇军队于此养马，日寇投降后亦未经修复。自前年起，园林管理处始加修葺，门窗、槅扇皆购旧货，陈设家具亦然，皆精致而又调和。迄于最近，始完工。余谓自幼游留园，从未见若今日之精美。据云有一看园之人，痛昔日之残败，今见修复，胜于旧观，不禁大哭，谓何意复有此日。

又一村之假山上细枫树成林，红色与叶之形至可爱。怡园中亦有若此之枫一树，特大。历观苏州诸园，皆精美，完全保持中国式园林之特色。因念杭州诸园，不脱粗俗二字，颇欲向杭州方面建议，整理园林应向苏州看齐也。

回招待所已六点，匆匆进餐，即至北局，听说书。书场极大，殆可容五六百人。说书者为评弹工作实验团，盖合大书、小书而为一。所说为中篇《刘莲英》，盖一次把故事说完，分为三回，每一回皆四人登台，有男有女，逐回更换。唱片多用普通语句，不调平仄，不一定叶韵。此皆此道之新变革，余前所未见也。《刘莲英》系据新创作之剧本改编，写工厂中之思想斗争，尚不坏，唯嫌其教训意味太重。男女演唱者语言干净，无废话、下流话，此亦进步之征。共说三小时，回招待所已十点半。

11 月 28 日，星期一

晨间地委副书记韩君来，陪我们同至震泽。同行者振铎、伯昕、至善外，尚有南京同来之朱偰、朱宝镛、邹树文（七十二岁）三位，又有北京同来之秘书吴君，南京同来之医务人员一人。驱车出城，直抵灵岩山下。余缓步登山，居然不太吃力。寺中之修洁，亦似胜于往日。和尚方在做功课，久不闻此梵呗声矣。

下山，至木渎。登小汽轮，出胥口，登较大之轮船。河道水浅，轮船不能开入内河故也。轮船系震泽县派来迎我人者。行太湖中两小时有余，朱偰嘱余看其所作古装历史剧《郑成功》一稿，看后略为谈余之意见。

午后两点半抵东山，住于疗养所。其处原名席家花园，席为买办商人，营此园未完成，因抗战而停止，观假山之布置，房屋之设计，皆庸俗不堪。今改疗养所，供区级干部来此疗养。

饭罢，小睡片刻。五点起，钱县长（后知县长姓咸，名同德，当初误以为姓钱）为我人谈全县概况。此县受国民党反动派与土匪蹂躏极深，农民、渔民生活最苦，解放以后，反动势力与土匪肃清，人民觉悟颇高。要求组织合作社为普遍情况。咸县长一谈两小时，听者均满意。于是吃夜饭，共饮酒五斤。此间自己发电，九点半即停电，稍感不习惯。只好入睡。天气转冷，但用两被，犹觉其过暖。

11 月 29 日，星期二

晨以八点半出。乘汽轮至龙头山。山下皆荷田，夏日来此，当为洋洋大观。入葑山禅院，此院塑佛像颇不坏。有供奉明末遗民路公之祠。既而观涧桥乡杨家弄迎庆农业生产合作社，此社人数不多，果树较田地为多，去年组社以来，极大多数户增产。分为三队，稻田、旱地、果树。劳力不足时，各队互相调剂。果树为枇杷、杨梅、白果、栗子。虽地靠太湖，而取水为一大问题，干旱之候，担水为极紧张之工作。果品均售于供销合作社。此社会计员为一高小毕业生，至善与之谈较详。副社长为一农妇，虽尚未识字，而颇能干。坐约一小时许离去。

至紫金庵。此庵中之罗汉像云系宋塑，罗汉像之上排有诸天，亦复佳妙。衣摺飘拂，面目生动，衣上饰色描金，亦复精美。与角直之罗汉相仿佛。诸天之一擎一手帕，殿后观音顶上张一红伞，皆系泥塑，而有飘动之感。其中有后来修补者，作风显然可别。今日之游，见此大为满意。大殿后面院子中有玉兰一棵，已只剩半片老树皮，自树皮生出枝条，其上已有明年之叶芽与花苞。又自根部透出枝条，亦有叶芽与花苞。据守者云，此树殆已千岁（恐为过甚之辞），玉兰开时，特别大而白，唯根部枝条上则为紫玉兰。其人为之解释，谓此老树当时盖白玉兰紫玉兰之接本也。观久之，殊感兴味。观碑石，记谓此寺初建于梁陈之际，固甚远矣。

即于寺中午饭，菜饭皆自招待所带来，借附近人家烹煮。饭罢，观兴福寺，破败，佛像平常。

复乘汽船至杨湾，观明代房屋。先至两家人家，殊平平。继至杨湾中心小学，则为一明代大宅。特别者大厅大柱下之基础用木制，据振铎谓此系前所未闻。厅之梁上有彩绘雕榫，门窗雕镂极工。大厅对面之门上，砖刻亦工细之至。此为今日之又一大收获。太湖未经兵燹，故三百多年来能保存大屋也。

后乘汽船而归招待所，已六点过矣。晚饭仍饮酒，共谈半时许，各归其室。今日步行较多，觉腰际作酸，颇见疲劳。

今日为阴历十六，圆月当空，湖面银亮。入睡而后，月光满窗。

11月30日，星期三

晨八点半出门，步行约里许，访渡席乡光明渔业合作社一社

（以光明为名者有三社）。此社成立于去年下半年，有 113 人。渔业有所谓一改三结合。一改者，改进生产工具与方法。三结合者，捕捞与种植结合，捕捞与养殖结合，捕捞与运输结合也。有此三结合，则多余之劳动力（原以船少人多，人力有余，值捕鱼之淡季，亦有多余）皆有所收益。改用山东簖，比本地簖大，且布置之方法不同，获鱼可增多甚大。渔民原无土地，今社中有地十余亩，种稻麦、养鱼，则皆开荒而致之。结社以来，生活改善，衣服周全。渔舟或另置新者，或修整旧者。往日遭难最深，在湖中获鱼遇抢劫，工具被偷窃。反动军队与日寇军队常来拉用人工，勒索鱼虾，因此不敢夜泊于埠头，皆分散藏于芦苇深处。渔民自言往日头也抬不起来，今日不知明日，今则不唯生活渐好，且有文化娱乐。估料三年而后，全社社员均可在陆上筑屋而居，不复如往日之以舟为家。太湖渔民数万户，苟能全部陆居，诚一大改变也。

今后将规定禁渔区与禁渔期，以保护幼鱼，以明年开始实行。但此事须环湖各县联合为之，震泽县渔民已明晓此义，其他各县尚未也。禁渔区为浅水区与水草区。禁渔期为 3 月至 5 月。在太湖捕鱼者，不仅湖中渔民，尚有来自本省江北及山东、浙江者。

捕获者有鱼、虾、野鸭。捕鱼以簖（捕蟹为附带之事）、以渔钩。捕虾以笼，又以松枝浮湖面，俟虾附其上，捞起而取之。捕野鸭张网于水中，以家鸭为媒，诱野鸭下集，合网而取之。今日与渔民谈较多，所知较详。又观彼辈表演如何捕野鸭。

午刻回招待所，饭后睡一时许。于是往访渡桥乡第一村晨光农业生产合作社。此社有百户，299人，为一较大之社。去年组社以来，适值大水患，收获仅三分之一，社员动摇。但经合力营种种副业，居然度过，且不亚于往年，因而信心大高。今之收成，每亩平均至700斤，共谓向所未有。至谓地犹是也，不料其产量能提高至此，实则皆由于合作之故也。

出晨光社，观震泽县之储谷仓库。新建仓房，堆谷几及屋顶。埠头泊船甚众，皆满船载谷，此系农民来交公粮者。运谷入仓之工人络绎来往。又观晨光之牛栏、猪圈及其文娱所，有收音机一个，云是国务院所发。

缓步回招待所，观血红之月徐徐上升。饮酒吃蟹，蟹系光明社社员所获，仅得八只，不甚结实。

振铎得北京来电报，文化部将有会议，促早归。伯昕与余谈归期，余亦希望以下月10日左右回京。九点半睡。

12月1日，星期四

今日专事游览，不访合作社。八点半，乘汽轮往西山，行一时有余而登岸。西山最高峰曰缥缈，望之殊无奇，且不高，不称其名。登岸处曰镇夏镇，其地山下有林屋洞，道书谓第九洞天。入口处低，须俯身而入，稍入乃可站直，然复有低处，继复空阔，如是者屡，不可穷其底。我人皆未深入。据县长谓曾深入半日，其中有野猪，有蝙蝠，蝙蝠有白色者，皆甚大。在洞中时闻嘎嘎格格之声云。行约二三里至显庆寺。一路皆梅树、银杏、杨梅树。梅花开时来此，当不下于邓尉。此寺即包山寺，附近高树参天，有樟树、榆树、长松。山门前有唐会昌时之经幢，皮日休、陆龟蒙二人之诗均提及此寺。入寺，憩于其方丈，曰大云堂。楼上有《嘉兴藏》，据振铎云，其《又续藏》中颇有明末遗老之作。振铎为此而来，翻阅久之。其楼已破损，火烧亦堪虞，当谋保护之道。在包山寺观玩一时许，回至镇上，进午餐于供销合作社，吃带来之肉包子，佐以榨菜肉丝汤。

返汽轮，指石公山。石公山为西山之南端，皆石灰石，石骨显露，为自然之大假山。宋时之花石纲，即采自此处，历来叠假山者，皆取给于此。有归云洞，中雕巨大之送子观音。有节烈寺，原来建筑颇好，今已颓败，合作社社员于此开会。见我人至，以碧螺春进，并请我人尝其自产桔子"洞庭红"。在石公山眺望太湖，最为宽广，渔帆群集，日映湖明，同人皆称快。至水边观石公石婆，系二石甚大，似一翁一妪之状。余至此恍忆二十年前偕剑三游太湖，似曾到此。然确否则莫能自决矣。石公之大树，村民言皆为日寇砍伐，大是可恨。我人共谓石公宜布置为休养所，所费不大，而休养者到此，真可赏心怡神。

四点半返汽轮，六点回招待所。晚饭罢，县长为我人汇报本县"三定到户"与"社会镇反"之工作。谈约两小时，工作甚切实，言之极有条理。此县长为一好县长，时时外出，与群众搞得极熟，其年岁三十才出头耳（三十二岁）。渠与我人偕出，居民见之，皆视切如一家人，此非可强作者也。

12 月 2 日，星期五

八点半上汽轮，至横泾区，咸县长、韩书记仍相陪。轮于内河中行，观两岸农田与乡村景色。余先与邹老闲谈，既而坐于舱顶，以所携之铺盖为倚垫，晴冬温暖，意殊畅适。午后一点泊岸，其地系横泾区浦庄乡，入其乡人民政府，今夕即留宿于此。午饭罢，小睡片时。

起来复往观附近木里村之宪生农业生产合作社，此社成立于去年 10 月，凡成立于去年以前之老社为第一代社，去年成立者为第二代社。宪生成立后有成效，今年增产，今秋附近之互助组争欲组社，共成立十社，皆以宪生名。此类为第三代社矣。

此社副社长为生产能手。社委领导处事能做到公平互利，众皆悦服。所定各项作业之额数，结果皆有所超出。

此间各乡，于小麦向不重视，随便翻垅，撒种掩土，即不之顾。今改善方法，多方照顾，产量一般增长。此社今年每亩平均产 144 斤，往时不过四五十斤耳。水稻则为 671 斤半。

此社领导又一特点，能以方法使众知新法之好处。如施用杀螟之药粉，所有稻田全用，仅留半亩不施。结果此半亩受螟害而产量大减。众见此实例，皆信药粉之确然有效。

此社有青年突击队（他社亦有此组织者），颇起作用。凡新行一事，以突击队试行之，取其经验，定其标准。

余与数青年男女谈，询以烧香拜神，今尚通告否？父母为儿女极早定婚，仍复然否？答称神佛已不信，信之于生产无裨，何复信之。男女婚配，皆由自主，《婚姻法》早明定之矣。于此可见精神方面之改变。

余此来得一总印象。以前农民只知承袭传统，向来如何，今亦当如何，现在则群知任何事可以变革，可以由变革而进于合理，进于康乐富裕。此当自土地改革启其端，今则合作化继之。农民今日要求甚跃进，询以希望为何，往往答称早日使用拖拉机矣。

回宿舍已六点半。饭罢，诸人闲谈见闻与感想，历时约一点半。一部分人睡楼上，余与邹老、二位朱君随从数人睡于楼下三间厅堂中，数榻纵横排列，喜谓之统舱。

12月3日，星期六

上午观浦庄乡联盟农业生产合作社第五社。此社为第三代社，成立仅两月有余，定额包工制尚未弄妥，账目亦未轧清。大凡办社，领导人才至关紧要，安排人力与组织工作，皆须有干才。能力较低者，则虽先经受训，又学于他社，往往不能安排停当。此须党政方面多为之助矣。农民自言文化低，所以致此。其所谓文化低，系指不识字或识字无多。余则以为识字不识字尚在其次，文化之高低，实即干才之高低也。此社虽尚未上轨道，而农民兴致甚高。往观庞山湖国营农场之机械耕作，皆欣然谓愿早用拖拉机。农民往他处参观，今颇盛行，此亦推动合作化，提高技术之好办法，大可记也。

吸血虫病为害甚烈，农民患者极多，乡区多设防治站。余初不之知，今知此病蔓延十余省，卫生部以防治此病列为重要工作。韩书记谓其专区中规定于第二个五年计划期间根除此病云。

此社中不算好社，而今年亦增产。每人留粮，平均在600斤以上。一青年农民欣然谓如许留粮，吃到明年，尽够矣。

又往苏行村观联盟大社，此社系三个社、一个互助组合成，农户百户，田千余亩，为一较大之社。此社亦有青年突击队，唯不名突击而名生产队。几个女青年一边翻土，一边唱新学之合作运动小调，歌声中喜气洋溢，至为可感。有若干社员正在改筑一条道路，此路长二里，宽一丈，准备将来用车辆运输，减轻负担之劳。有一七十一岁老农民欣然谓："路快要修好了，我们走上社会主义的道路了。"远的计划已订至1957年，谓准可完成。按计划，1957年水稻每亩可产805斤，小麦每亩可产350斤。各家居草屋者改为瓦屋。田更加合并为大块，届时将有90亩者一块，40亩者两块，最小者亦为5亩。此社有高小毕业生23人，初中毕业生3人，均在社中。

回宿所午饭。饭罢，同人与韩书记、咸县长坐谈，各人提出其所见。余谈农民需要办小学，彼辈希望公家办，是否可以鼓励他们自己办，而公家助之。朱偰谈太湖水利至关重要，不宜与湖争地。邹老谈垦荒于山地，宜顾及水土保持。振铎谈吸血虫病之严重，宜努力防治。最后韩书记谈，谓此类事均至要，皆宜全面规划，或已有所定，或正在研究云。

于是与咸县长别，登小汽轮离浦庄乡，时为下午三点半。行一时半许而过石湖，振铎谓石湖漂亮，胜于西湖。余觉石湖较余幼时小得多，污积处丛生芦苇，无复浩茫之感。行春桥九个环洞今剩其五，四个为日寇炸毁，大半条桥接于路面矣。

在横塘登岸，汽车候于路旁，即往招待所。留住所中者，仅方老、杨老二人，往嘉定、吴江者尚未回来。

接墨来信，言家中均安好，为慰。晚饭罢，振铎邀步行街市。在护龙街（人民路）观旧书肆。至观前街，振铎欲购糖食与熟食，而店已关门，其时亦不过八点刚过耳。

12 月 4 日，星期日

上午往访周瘦鹃，观其庭园与盆栽。其室中或如菊展之陈列室，或如古玩之陈列室。色色均有可讲，但不适于休坐，亦复为缺陷。其盆栽往往配以石，以中国画之观点，布置成章，皆颇雅致。余题二语于其签名册上，曰："胸中本自有丘壑，形诸盆盎皆精奇。"园中有假山，出其自己之手，小而幽雅。花卉树木颇繁，有名种，有出自旧家，年岁已久者。周君每日亲自治园圃，终年与花木为密友，亦可羡也。

辞出，于公园附近见江苏省苏州血吸虫病防治所，入而访之。此病不名"吸血"而名"血吸"，盖日本之语法则然，我国袭用日本之名。据其职员谈，苏州专区范围内患此病者有 80 万人。派出之防治队不敷分配，当发动群众以为助力。治疗用打针之办法，检粪便数次，如无卵，即为痊愈。但痊愈以后仍可再行感染。此病厉害与否，视虫寄生肝肠之多少而定。一般为慢性病，但寄生极多时，一二月即可致命。虫侵入体内由皮肤，故手足皮肤与有虫之水接触，即有得病之可能。虫卵由粪便排出，到了河水中，即孵化而成有毛之幼虫，谓之毛蚴。毛蚴遇一种极小之螺蛳者，即钻入其肝脏，历时一月有余，变成很多尾巴分叉之小虫，谓之尾蚴。尾蚴出至水中，遇人或牲畜之皮肤即钻入而寄生于其体内。此虫之变化，必由钉螺螄，故防御以消灭钉螺螄为要。他则须善为处理粪便。此二事皆普遍宣传，农民亦能接受。防治所中收集各地区之钉螺螄甚多，检验其中有无毛蚴。余辈于显微镜中窥见行毛蚴，状如鳄鱼，屈曲而行进。又见成虫之标本，红色，如棉线，长半寸许。中央指示以七年消灭此病，当可做到。此诚至要之事也。

午饭后与至善及南京随来之青年医生出外闲步。入玄妙观，摊贩甚多，杂乱依然，堆所售货品与食品，视往时颇有不同者。入三清殿，画张之摊子多售新式之年画。摊伙执笔描画者极少见，笔画之画幅亦甚少。于殿后见售旧留声片者，询以有无昆曲片，居然有之。捡得十数片，大喜。“一二·八”时损失之昆曲片，大致重得矣。于北局入观百货商场，颇拥挤，殆以今日星期之故。足力已疲，茗憩于怡园。虽为星期，而游人不多。坐一时许，于园中巡行一周，遂返招待所。吴研翁自无锡到，亦住此间。

今夕振铎动身回京，余沽酒为之作践。酒罢，诸人共坐闲谈。直至十一点过，振铎行，乃就寝。今日亦复疲甚。

12 月 5 日，星期一

晨间偕方、杨二老至南显子巷，观苏州市第一初级中学。其地即余幼时曾往游观之程公祠，中有水假山。女校长张君、教导主任刘君为谈其校之情况一小时。学生中队员占成数多。教师多能积极备课，希望改进教学。课外活动，能结合工农业之训练。

观全体学生为课间操。然后游假山。假山之顶为一楼，假山宛如此楼之基墙。唯湖石特佳，极"皱、瘦、透"之致。据朱偰昨日归来言，吴中园林之湖石，以此处为第一。入石洞，则其中宽阔，有两个空处，上有钟乳石下垂，下则沿石壁作栈道，下傍渼水。出洞时须俯身钻出，洞中堆叠如出天然，无拼砌痕。

此假山确可称美，名曰"小林屋"，盖从太湖西山之林屋洞得名。我人方至林屋洞口一游，未入窥其奇，今日入此小林屋，则颇觉满意。以此假山在学校中，园林管理处未加整理修葺。若能与学校分开，则大善矣。然须略去校中之房屋，亦得非易。假山旁有老柴藤一棵，盘曲而依于高树，系康熙时韩菼（号慕庐）手植。另一院落有荷池假山，旁屋旧为民居，破坏颇甚。学校接收后加以整治，但山之堆叠无由复旧，将石头放置一旁而已。

于各个教室外经过，其时为第三节课。教师讲解者多，提问者少。大多数说苏州话，闻之觉刺耳，苏州话作演讲，颇不相宜。此校教导主任告余，其校今年之毕业生有往新疆工作者，有数人成为采棉之"百斤能手"，彼辈大为兴奋。来信中谓对母校希望二事：一为注意同学之体格，务使强壮；二为务使同学之习普通话。彼辈之亲身体验如此，可知普通话之必当推广矣。

复至草桥，观苏州市第一中学（高初中兼有），余意在重游幼时就学旧地。校长导我人全校游行一周，扩展已甚广，当时东边之元和县衙门，南边之第四高小，今全包入此校范围。学生多至三十二班。理科方面之设备足用。

十二点回招待所。饭后睡一时许。三点，教育局张局长与科长二人向吴研翁与余谈苏州市之教育情况。苏州全市，小学有279所，学生61081人；中等学校（各种中学程度者）20所，普通中学学生19939人。苏州市于教部之指示与通知，均能重视。如全面发展教育、综合技术教育、减轻学生过重负担、提高教学质量，皆能通过学习与检查工作，以领会其精神，改革其实际教学工作。于此余觉中央"一命令一指示"影响所及者深广，诚宜再四审慎，然后出之。谈至五点半而毕。

王却老、郑辟老、费达生自吴江回来，杨卫老自嘉定回来，上星期一自此分头出发之诸人，今日又集于此矣。

晚饭后浴于宫巷之某浴室，未记其名，浴室内热气蒸腾，初入之，有异感。

12月6日，星期二

晨间金子敦来访，渠已为苏州寓公，赁颉刚之屋而居，为市人民代表，近方与北京、南京之代表同往无锡视察。子敦谈半时许而去。今日全体同人不出门，在招待所中座谈视察之感观，将以集体之意见告之于苏州市与苏州专区。上午、下午各谈三小时有半，大家发言甚充畅，共谓谈得极好。托伯昕与吴运和（秘书）整理之。

晚餐时余买酒，与能饮者共酌。饭后共往北局听书，凡四档：《白蛇传》《西厢记》《祝家庄》《十三妹》。说唱者全无无谓之穿插，起不说苏州话而说北方话之角色，发音落调大体准确，当为近来之进步。十点散。

今日朱偰谈起，苏州不特有宋元明清之园林，且有宋元明清之建筑，渠主加意保存。玄妙观、三清殿为宋，虎丘二山门为元，府学大成殿为明，北街忠王府为清。余向未之知，今记之。

12 月 7 日，星期三

上午九点过，偕伯昕、朱伯商至苏州市人民委员会，其处在道前街，为从前之道台衙门。潘市长、杨专员与我人接谈，在座尚有市与专区之干部五六人。余代表来苏之视察组述说对市、对专区之意见。对市提出市政建设方面之问题，主要者疏浚城内河道，保持府学之大成殿，加强对自觉小组辅助。又提出刺绣小组前途之问题，我人以为此小组工资太低。又以为刺绣为特种手工艺，使之合作化，欲培养为手工业合作化之旗帜，不甚相宜。又以为合作社之前，尚须多所酝酿，多做准备工作，组社而后，尤须加强领导，加强全社之团结。对专区提出之主要意见如下：农业生产合作社垦荒开塘，自是至当，但垦荒须不妨害水土保持，开塘须不妨害永远之水利。又，合作社各自修路，须顾及整个农村之交通系统。他则栽桑宜特别注意，以提高蚕丝之产量。果木、粮食作物、牲畜之接枝、选种等项，亦宜统筹。种种技术，均宜加意提高。又有血吸虫病，必须大力防治，能早于七年根绝此病尤佳。总而言之，亦无非谓各项工作，均宜全面规划，加强领导也。杨专员与潘市长皆表示当郑重考虑，尽量采纳。又闲谈有顷而后辞出。

至善则随杨卫老、朱宝镛等往娄门参观私营三吴香料工厂。

下午两点，偕伯昕、伯商至师范学院。杨院长与各系主要教师谈其面向中学、领导中学教学之情形。谈者六人。大致此事近来始有眉目。大家觉得此工作如能做好，则于师院于中学均有益。但师院教师与中学教师不重视此工作者，亦复有之。至于缺点，则计划性不够，有些工作不能持之以恒。科学研究，尚做得不深，有待探索。谈至五点半辞出。

明日早上，我人将离开苏州往南京矣。

1959年4月

4月6日，星期一

晨七点过离旅舍。南通各位领导人殷勤甚，群言希望他日再来。黄市长与赵市长送我们至天生港，我人登渡江小轮，依依为别。渡江历一小时，抵江南十一圩，原属南通，今已划归常熟。原以电话联络，苏州以汽车到此来接。适以常熟城北方在开望虞河，公路截断，苏州之车不能来，乃乘公共汽车抵群众挖河之工地旁。车行缓缓，为时将三小时。

望虞河通太湖与大江，水从福山口入江。此为江南之水利工程也。

苏州来之两位同志在工地南相候，即登车，驱车抵苏州，寓于大井巷之乐乡旅馆。常熟到苏州之公路为石子路，甚平整，路旁电杆树木齐整，稍远处房屋密集，气象颇佳。饭后睡一小时。

三点半，出游拙政园，此园屡观不厌。最近方在发展盆栽之事业。往城西山中掘老树根，加以培养，旁缀山石，成各式盆景，云外销之利颇厚。而城内各家之旧盆景，汇集于此者亦不少，最古之一盆已历四百余年。其数至多，仅能匆匆一望而已。复至文管会，晤主持者谢君与范烟桥，二位亦即市文化局之局长。出观收藏之书画，多不胜观，亦仅观三五件耳。

晚饭后往听书，书场中几乎满座，所听为《描金凤》《四进士》《三笑》，说唱俱不错，而内容陈旧，殊不感兴趣。

傍晚即下雨，入夜转大，且有强烈之风。明日拟往震泽，未知能成行否。

4月7日，星期二

晨八点，冒雨离城，至东山。震泽张县长与一位董同志陪我们。西郊之公路颇不坏，一路麦与菜花甚盛。九点二十分到达。入招待所，系金姓人家之房，营造极讲究，而款式与雕镂极俗气。张县长为我们述概况。此县之特点为渔业、花果业，其言及此者甚详。渔业今已捕捞养殖并重，合理使用劳力，改进捕鱼工具，务期多获，他则有保护亲鱼、培养幼鱼种种措施。花果业注重增多品种，改良品种，做种种试验，以达增产之目的。谈至饭时暂停。

饭后睡一小时。两点，见雨似渐小，乃驱车观紫金庵。1955年来此时，尚无公路，系步行而往。入庵观罗汉像，大家赞叹。

殿上挂说明书，云此处罗汉像为宋时雷潮夫妇所塑。殿已稍加修葺，罗汉像前以玻璃槅扇护之。憩坐于听松堂，与张县长谈种植果木之事。此君养鱼种果，已成专家，谈一切头头是道，大可钦佩。五点回寓。晚饭后张县长继续谈概况。次之，太湖人民公社之社长谈其社概况，至九点而毕。

以下摘记所闻于张县长与公社社长者。

通太湖之港有123条。有居民之岛，大小8个，无人小岛13个。太湖号称七十二峰，盖包括沿湖之诸山。据云湖中暗礁亦有72个。

太湖330万亩，今年沿湖划禁渔区70万亩，禁渔期为50天。今日鱼产，比解放前增百分之二三十。

以鱼苗养于鱼塘中，俟其稍大，投入湖中。去年投200万斤，今年将投500万斤。

果树依其主要次要，排列如下：橘子、枇杷、杨梅、白果、栗子、石榴、桃子、梅子、柿子、橙子、杂果。

枇杷之患为霜冻，橘树之病为树脂病。

太湖公社2448户，12050人，有船2250只，主要治渔业。去年收入334.3512万元，支出92.3229万元。公积63.4371万元。分配与社员178.5912万元。平均每户得800元，每人得168元。减少收入之户，凡245户，用各种措施为之安排。

其社有渔业八字诀：劳、勤、工、改、技、资、保、安。又有养殖八字诀：水、种、饵、密、混、轮、防、管。

4月8日，星期三

晨起欣雨止，且有放晴之意。九点半，驱车至一河边，小汽轮已在相候。登轮未久，即出港入太湖。余与张振东县长谈，听渠言震泽各方面之情形，又听渠谈抗战时期在太湖上对敌斗争之事。舟行一点半钟，抵西山石公山下。登之，观石公寺，亭台已加修葺，有僧四人管理之。徐行至石公、石婆二石所在处，观玩其处之石壁。余戏谓此处是“真假山”也。盘桓石公山一小时，仍登舟返东山。太阳渐露，群山放青，居然嫩晴。

午饭后酣睡。三点开车，回苏，仍寓乐乡。至玄妙观，三清殿修整一新，画张之摊子已迁出，殿前之各种小摊子亦已无有。此是1955年视察到此时同人所提意见，苏州市于1956年即着手整理。

六点半，高适专员与王、陶二位副市长来与我人共餐。陶为前次所见，高、王二位皆初识。食毕，我人浴于宫巷之清泉浴室。十点就寝。

4月9日，星期四

晨间，马秘书长为我人谈苏州概况。苏州近来之发展确可惊，记其大要。苏州市现有人口50万余人，其中城市人口占46万人。职工将近15万人，比1952年增156.42%。去年生产总产值为5.9亿余元，比1957年增1.4倍，比1949年增5倍左右。产钢1171吨，生铁31361吨，钢铁向为苏州所不产；产机床1688台；产纱58161件，棉布4615万公尺，丝织品1801万公尺。基建投资完成了4905万元，投资在3万元以上之厂106家。生产资料之总产值占41.57%，而1957年只占27%。消费资料之总产值占58.43%，而1957年则占73%。机电工业，从1957年之13.96%升至22.41%。化学工业，从1957年之3.96%升至11.97%。生铁从少到多，钢从无到有。钢铁厂之较大者为苏钢、苏铁、胥钢。高炉共有53个，总体积826立方米。共有转炉19个。轧钢、炼焦、造耐火砖，亦相应发展。机械工业，从修配到制造，制成之品种有七八十种。300人以上之机械厂有18个。化工方面，制品名目繁多。尖端产品有维他命B12、尼龙11、金霉素、人造宝石、宝石轴承、合成樟脑等，共49种。细纱精纺机共有69616个锭子、织布机2249台。手工艺品比1957年增一倍，职工至5900人。

1959年工业总产值将翻一番，保证12亿元，争取15亿元。

其他文教卫生方面，今年亦须有所跃进。（苏州现分沧浪、金阊、平江三区，每区各包一乡，曰城南，胥江、娄东。）

马君谈一小时有余。于是往观美术工艺研究室，即设在旧日汪氏义庄之内。苏绣、缂丝之陈列品绝精，以余度之，当胜于从前多多。绣品中又有乱针绣、绒线绣。乱针绣近乎油画，为近二三十年来之新创造。入工场观之，见七十五岁之缂丝老艺人沈君，亦已七十五岁之刺绣名家金静芬老太太。工作室光线甚好，较之1955年来观时进步甚多。又登假山，同游者皆赞此假山之胜，未之前见。

又往公园旁边观化工研究室。其处自己研究发明各种化工产品，又为其他机构担任分析化验之事。自己研究者，如酒精、蓖麻油、糠醛之综合利用。尼龙11即系蓖麻油所制。有他地人员来实习者，亦有大学生，于车间中即见有厦门大学之学生。工程师名施穆如，尼龙11即施之发明，此为颇了不起之事。

周瘦鹃家即在附近，往观其盆栽。周外出旅行未归，晤其夫人。可观者太多，匆匆一望而已。

饭后小休。两点至胥江钢铁厂。此厂大有名，缘1957年搞一个小高炉，非洋非土，自出心裁，花13万。系出于群众之创造，并无专门人才为先导。去年大搞钢铁，各地均来此学先进经验。来者来自16个省市。其厂为各地培训炼铁工人千五百名，发出高炉之图样千余份，发出介绍经验之资料5000余份。此与化工研究室同，在全国工业之发展上起辅导作用。今其厂已有8个高炉，其中6个为15.8立方米容积。除炼铁外，又有炼钢、炼焦、制水泥、制机械之车间。工人有4000多人，去年4月时，仅400人耳。工人有男有女。变无业者与农民为工人，此一点亦大有意义。巡行一周，仰望高炉，穿过车间，即出。

于是余独往韩家，访溢如姊丈与欣我姊。其二子一媳一孙女俱在工作场所，仅见老夫妇与一孙女。二人皆衰老，言生活虽窘，尚可维持。坐一小时而返寓。卫楚才来访，渠现任苏州市民政局长。余询以苏州人就业情况，渠言已基本上解决。往年总须发救济金20万元左右，去年办各种生产事业，向之受救济者参加生产，共得工资300万元。而政府复得利润200万元，可用以资扩大再生产。余闻之计雨老，亦谓去年之情形如是。此是大可慰之事也。

张奚老与屈武自上海来，亦寓此间，晚饭后与谈有顷。七点半，高专员、张县长、马秘书长与我人座谈。大家游苏甚满意，各抒所见。谈至十点乃散。

4 月 10 日，星期五

晨七点半离旅舍，驱车至车站，旋即登车。沿途眺望，小高炉与高烟囱时见。午后一点到南京，仍寓南京饭店。三点半，管省长与我人座谈，不拘形式，诸人随谈，五点即散。晚饭后，三官、姚澄同来，又是谈戏剧方面种种事。至十点半，二人乃去。

1962 年 1 月

1 月 17 日，星期三

（上午）九点半驰至（无锡）车站，周秘书长、华君、刘君相送。车以十一点一刻开，历四十余分钟即到苏州，市人委秘书长某君、政协秘书长某君、交际处朱中浩君相迎，朱为去年所熟识。导我人住南林招待所，所居即去年歇宿之三号小洋房，惟不在楼上而在楼下，余与至善同室。午饭后小睡。起来即出游，朱君相陪，观拙政园、博物馆、狮子林三处。晚饭时晤斯行健于饭厅，渠自南京来苏参观访问。翦伯赞亦住此间，渠则与六人同来，将居此商订修改他们所草之《中国通史》稿本也。七点，到北局之书场听书，凡三档，一为《白蛇传》之神仙庙一段，二为《苦菜花》之一段，三为《三笑》上堂楼一段，皆不恶。九点一刻散。

1月18日，星期四

上午访刺绣研究所。晤顾文霞，与上一次来时同，由彼引导参观。上次有机绣之工场，今撤去，因恐引起参观者之疑，以为所产手绣之品亦出于机绣也。参观毕，欣赏假山而后出。至观前，游市街，入三清殿，于文物商店购画二幅，一为湖帆之青绿山水，一为任立凡之人物。午后睡起，观周瘦鹃家之盆栽，周出外，题名而出。访苏州高中，其校扩大颇广，包括府学之明伦堂，从前植园之半个。张校长导观一周，即辞出。至草桥市一中，余与大琨皆此处之学生，至善亦尝于此读一学期也。书记与校长相迎，谈有顷，亦周览全校。前五十余年建筑之课堂、饭堂及宿舍一排尚在，其他则逐基添造之屋，面积则包括从前小学之全部及元和县衙门之全部。晤我妹幼年之同学龚遂云，今在此教生物。又晤张建初，在此教历史。二人皆二十余年不见，细询家庭情形。最后合摄一影而出。晚饭后冯达夫与一位张君来访，冯在苏高中任教务处主任，张则在校中教政治，与大琨为同学同事。二人谈至九点始去。

1月19日，星期五

今日游东山。八点出发，吴县副县长许君相陪。车行五十分钟到达，憩于所谓雕花大楼。楼下方砖地阴寒，则登楼而坐于靠西之一间。东山之公社名洞庭，其副社长为我人言去岁贯彻“六十条”以后，果农之积极性大为提高，社员收入每家在千元左右者颇不少。主要果品枇杷、杨梅、橘子，以橘子为最难伺候，虫害多，天气之适宜与否，肥料之得当与否，亦大有影响于收成。他们曾往黄岩参观，学得其整枝之经验，并知人粪肥可以浇灌橘树，以前则不敢施用也。谈有顷，驰车抵紫金庵，观罗汉，憩于松风堂。其处之大队名绿化，其社长叶君来谈，谓今时社员共致力于建设，意即扩大种植果树之面积。果树种于梯田，较之种于平地者好。所谓梯田，系取杂石砌成相当齐整之岸墙，深度与高度各以六尺为率。此乃极费工夫之工程也。导我人观梯田，相与赞叹不已。去年以前，社员盖无此兴致也。返雕花大楼午餐，饱食新鲜之鱼虾。坐休有顷，则步行往观疗养院，一名席家花园，1955 年与振铎来游，曾住其处，面临太湖，眺望空阔。复步行半时许而登车。余行一时许，居然尚可对付。于是驰抵天平山，茗憩于兼山阁，余初次到此，在为中学一年生之时。次观高义园，修饰整洁。观范文正公祠堂，则已破败，塑像去其首。范仲淹总当纪念，将为地方上言之。驰归旅舍，时逾五点。傍晚，此间专员与统战部长邀我人共餐，尚有斯行健与山西来参观者七人（中有李顺达、申纪兰），分二席，饮啖甚欢。今夕有招待晚会，由苏州京剧团演出，即在餐厅中举行，观四折，《吊金龟》《三叉口》《文昭关》《柜中缘》，演员水平俱不错。戏毕已十点半矣。今日观玩甚多，相当疲乏矣。

1月20日，星期六

晨八点半出发，往游虎丘。各处大体走到，茗憩于冷香阁，梅花尚早。访虎丘公社之茶花大队，此大队以种花为主，于同社之诸大队中收入最高，每个劳动日可得1元3角。而高手每年可得450元以上之劳动日也。社员积极性之提高，亦由贯彻“六十条”之故。坐谈有顷，出而参观其花箱、花房。玻璃屋名花箱，中藏白兰与茉莉。不装玻璃者曰花房，中藏代代树。至于玫瑰，则不须入藏也。次观西园与留园，皆周行一遍而出，可谓匆匆。返旅舍，餐后小睡。起来偕荫浏、至善步行至沧浪亭，轩馆一一视之，坐而憩焉。观五百名贤祠，数所刻名贤，凡595人。归途过青石弄旧居，于门首一望，庭树枯者已多。惟一枫树，原为盆栽，余落之于地，今成高树矣。回旅舍后，余往理发。晚餐后往观苏昆剧团之内部表演，实即为我人特演，往观者我人而外，有斯行健与翦伯赞之一批人。其团在旧日之皇宫，大殿改为排练场，舞台坐东朝西。演戏三折，《思凡》为昆剧，惟云其演法受之宁波老艺人，与苏州派有所不同。余不能辨其不同，仅见色空脱去僧衣而下山，则为苏州派所无也。又二折为《出猎》与《醉归》，为苏剧，苏剧为滩黄转化之舞台形式。演《出猎》之人为“继”字辈，与南京之张继青同辈。“继”之下一辈为“承”字辈，《思凡》即“承”字辈所演。末一折《醉归》则中年之老艺人所演，功夫更深。统观三折，皆可满意。其团现有200余人，可谓大团。分往南京者仅五六十人耳。九点半散。今日游观，亦复酣畅。

1 月 21 日，星期日

今日自由游散。八点半，与杨老及至善自平桥直街往南，入公园一观，然后循宫巷而至观前。观数家商铺，后入商店，购湖帆花卉小屏四轴，蒲作英墨竹一幅。于是往西，折而南，入于怡园。其时大琨来会。各处轩斋亭馆，细细玩之。回旅馆将十二点，所走之路亦不少矣。饭后睡醒，副市长潘慎明老先生来访。俟其去，步往网师园。余觉此园之胜，在于不叠高之假山，以池为中心，池旁假山低而简，得画家小品之致，亦细玩而后出。夜间再往北局苏州书场听书，首为庞学庭、刘小琴之《庆云自叹》(《落金扇》)，次为周玉泉之《恩结父子》(《文武香球》)，复次为俞筱云、俞筱霞之《问卜》(《玉蜻蜓》)。周与二俞，去岁在南京听过，二俞在南京亦说《问卜》一段也。九点一刻散。斯行健明日返南京，我人则往上海矣。

1 月 22 日，星期一

昨夕成一诗，赠苏昆剧团。晨起即书之于笺，将托人送与之。诗如下：

昆曲南词并雅奏，继承两辈多英秀。
名手参与示典型，出新宁肯落人后？
获寓目者折子三，色空入世求佳耦，
三娘含辛思远人，花魁酒醉感秦厚。
声容各殊动人同，今夕何夕此享受。
题诗良未尽所怀，聊为苏昆剧团寿。

八点半，偕大琨到天赐庄师范学院访潘慎明，潘又兼为师院副院长也。坐有顷，潘导观全校一周，校址视往日东吴大学大得多。东边拦断沿城之河为养鱼池，舟不复能通行出葑门。新建屋向北发展，南北之距甚长。有一饭厅作凹字形，可容四千余人同时进食。潘谓余此校房屋先后修建，形式各异，颇似建筑展览馆也。盘桓一时许而出。十一点进午餐。旋即离旅舍抵车站，火车以十二点过到。车行一点半到上海。

1971 年 3 月

3 月 5 日，星期五

（晨六点驶车到南京站）候一刻许，乃入站登车。

车以六点五十余分开。中途停顿数十分，误点，午后十二点半乃抵苏州。苏州市革委会教育方面之负责者于玉崑及其所属干部李炳荣迎于车站，此系南京方面来电话通知之故。驱车至苏州饭店，地点在十全街极东，系一新式而过于华饰、不切实用之招待所，余前此未曾来过。

午饭后睡而未成眠。四点，李炳荣来闲谈，并坚欲余定游览项目。本拟自由游散，结果只能违其初愿，定明日游虎丘与留园。既而李邀外事组之负责人黄厥明来。黄系甪直人，知余名，谈甪直近况，及外事组（即从前之交际处）之经验，亦历半小时以上。与李、黄二位谈话，亦稍觉疲累矣。

3月6日，星期六

晨间李炳荣来，又有外事组之邹从文陪同，驱车往拙政园。以西哈努克之来游，拙政园突击整修50天，油漆粉饰，作语录及标语牌，又略事恢复旧日之匾与联，并于各处分类陈列苏地之工艺美术品。及西哈努克游过数小时，则觉如是陈设是否合适，尚待研究，故近日停止开放。我人从东部之侧门入，自东部而中部而西部，观之几乎周遍。告同游者云，六十年前，余与同学盖常到此游叙也。惜落叶树尚未萌青，稍见疏淡。

于是至狮子林，今改名向阳公园。以宣传样板戏为重点，每一厅堂皆悬挂某一样板戏之文字说明与剧照。永和往爬假山，余则止步俟之。

永和携照相机，邹同志为余祖孙二人照相数帧。惜天阴，恐效果未必佳。于是驰车至察院场，步行观西大街，入玄妙观旧址一观。三清殿之三清像已去掉，换一毛主席巨像。两旁星宿象处，则有板掩蔽，未知除去与否。出玄妙观，至原采芝斋（今名苏州糖果店），询有无奶油瓜子（满子所嘱买），答云无有。邹同志以外事组名义与说明，始购得二斤。平常购此品，须有介绍书也。出游共三小时，稍感疲累矣。

苏州大街道皆植法国梧桐，已极大，街道本不宽，法国梧桐叶茂时，接叶交柯，人行绿阴中，此可谓最有佳趣之点矣。

下午与永和出旅舍门向东步行，至葑门而止。城墙城楼俱无有矣。

3月7日，星期日

九点半，惠沅与其次女乘三轮来迎，往其家。以三轮让余坐，永和与彼父女则乘四路汽车。余独坐徐行，辨认街道，询之车夫，或正或误。据车夫云，自十全街至惠沅所居宋仙洲巷计九里，约行半小时而达。坐定，惠沅之亲属相继集，其妇而外，有其弟玉林夫妇、其长女夫妇、其三女夫妇、其次女之夫，尚有以下之女儿、玉林之子、长女之二子，人数殊不少，亦难于记认。正午进餐，备菜颇丰，饮醇香酒，系甜味之黄酒。劝食殷勤，余进食未免稍多。谈至两点过，玉林邀至其家，其屋旧为一座中等之大住宅，今居五十余家。楼房相当讲究，双层地板，雕花短窗。玉林家又去买来外间之生煎馒头，非吃不可，余只得勉吃一个。至四点将近，乃辞出，约后日之晚彼家全体来旅舍共餐。于皋桥登四路汽车，至十全街下，凡六站。进食既饱，说话亦多矣。在两家皆由永和拍照数帧。于两家皆见有明瓦窗，此物将成为古物矣。特告永和，令彼识之。两家皆开窗居室内，此在永和亦为新鲜事。寒季不生火，且开窗，北方人难以想象也。

3月8日，星期一

八点半，李、邹二位陪同，往南郊观龙桥大队。此是农业生产之先进单位，一年一麦二稻，亩产2000斤以上，各地均来参观取经。今见小麦已返青，有若干人在平整土地，过五龙桥，大队所由命名也，桥五孔，为旧时优良建筑。于是赴灵岩山，邹陪永和登山，余与李坐小铺中候之。李与司机同志言光福甚近，梅花正开，可往一观。于是三人驱车到光福。梅株全开者尚不多。须梅株遍开，登高而望，乃可见所谓“香雪海”者。继观清奇古怪四株古柏，依然葱郁如前，惜未令永和见之。司徒庙改为戴帽子办初中之小学。坐其教员室中有顷，与教师略问询，即辞出。回车载邹与永和归旅舍，十一点刚过耳。

下午两点半，仍由李邹二位陪同，往刺绣工场参观。顾文霞相迎，已数年不见矣。坐有顷，乃参观各个工作室。今时制作革命题材之绣品甚多，而准备外销者，则仍为花卉翎毛之品。问知善绣之金老太太与缂丝老工人沈君皆已去世。辞出而后，出金门，至西园。李邹二位定要我们看五百罗汉，罗汉堂久已不开，预先与管理者接洽，乃启钥而入。近日各地盛传，为将使西哈努克参观罗汉堂，曾以黄金五百两为罗汉加贴金箔。今得亲观罗汉堂，乃知并无此事。继之观放生池。邹买鱼饵糠麸团二个，析投池中，鱼乃上游取食。鱼有红黑两种。于是驱车返旅舍，时为下午五点。

3月9日，星期二

晨间李、邹二位来，同来者有退休之旧教育局副局长瞿芑丰。前次来苏，曾与瞿晤见，彼七十岁矣。同载至东方红丝织厂参观。书记史同志为我人介绍厂之概况。其厂工人2000有余，每日出产织品总量3万米，可谓大矣。观其2个车间（共有5个车间），机声盈耳，轮轴齐动。观其产品陈列室，琳琅满目。产品以缎为主，外销者为多。

于是往游虎丘。入山门，东边有车路，汽车盘旋而抵塔下。

坐于石磴，仰视虎丘塔，红梅若干株已盛开。既而至剑池之旁，于千人石拍照。冷香阁、致爽阁、小吴轩皆锁上。虎丘近亦曾整修，备西哈努克游观，而西哈努克未来。

午后睡起，邹从文来闲谈一小时许。

傍晚，预约之惠沅亲属陆续至。计惠沅夫妇，玉林夫妇，惠沅之三女三婿，玉林之子，凡 11 人。六点，共在餐厅会食。厨师治馔极精。食毕，又闲谈种种，至八点，皆去。

已买得火车票，明日去上海。付招待所房饭费 65.07 元，房费每天 5 元。

3 月 10 日，星期三

上午十时许，有苏同志来（忘其名，云与至诚前在松江相识），系教育局之负责者，特来相送。旋即驱车至车站，送行者尚有邹从文，昨日晤见之瞿老则候于车站。及车到，与三位为别。下午一点十五分到上海。

1973 年 5 月

5 月 19 日，星期六

晨八点许离（南京）旅舍到车站……十二点过到苏州，迎候者全不相识，听之亦不能记忆。餐罢午休，未酣。三点半到刺绣研究所参观，顾文霞介绍其所之情形。于是参观各车间。同游者对于如是美好之绣品之制作，皆极感兴趣。缂丝之制作者曾往故宫博物院仿制古缂丝若干幅，甚可欣赏。

五点返旅舍，苏州地委、市委之领导同志与我人会晤，介绍苏州工农业概况。余听之极为兴奋。于是会餐，肴馔颇讲装饰之美。虾仁大盘中立一鸟，甜点心做成各种果品之形。此殆欲引起外宾之好奇心也。八点散。

5月20日，星期日

上午参观南郊之龙桥大队，此系全国闻名之先进大队。前年南来，只曾到五龙桥上一望，而未曾访其人。然自报端之报道，至诚之述告，亦知其大概矣。今日听大队书记之报告，知之更多。其成绩则亩产2000斤以上。其他各业，全面发展，诚非易致。听毕，观其田亩，并及养鸡养猪种蘑菇之场所，复访问两位书记之家。然后返城。

下午睡起，往参观东方红丝织厂，前年余亦曾来过。所闻介绍，与前年大致相同，亦复参观其车间。于是往游拙政园。六点归。

夜间为文艺晚会。有开篇、苏州昆曲之清唱，及昆曲短剧。所谓昆曲，乃作曲略依昆曲之节奏，非按曲牌填词也。八点半散。

5月21日，星期一

上午为座谈，各人漫谈观感，不足三小时。采芝斋糖果点派人以样品来，各人选购其所需，此亦特殊方便也。午后一点后离旅舍，驱车往车站，候西安往上海之车，我人前所乘之一节软席车即附挂其后。至此，南京统战组之陈良同志与我人分别，此后一切照顾，由上海统战组之同志负责矣。

1975 年 5 月

5 月 19 日，星期一

（清晨五点半与至善、至美从杭州乘小轮船去苏州）所经各码头记之如下：武林头、塘栖、陈家堰、韶村、新市、蔡家、含山、九里桥、练市、乌镇、担溪、平望、八坼、吴江，次即到苏州。

轮船上对旅客仅供干点心，特为我人做菜做饭，一尾鲫鱼新鲜可口，他则肉丝与蛋汤。又为我人泡茶。午后余于船员之卧处睡约一小时。过宝带桥时，则招余坐驾驶台观之。此亦颇为特殊化矣。

席培元、张玉熙二位在码头相迎。驱车至南林饭店，此处余曾住数次，极清净。

5 月 20 日，星期二

晨发电报致兆言，令告剧团人员让至诚自江阴来苏。于是游网师园，观其布置，房舍、回廊与树林皆具匠心，总之使有画意，四望皆景。茗坐半小时，则乘公共汽车到观前街东口下。闲步观前街，自东向西，至察院场。乃乘公共汽车到三元坊口下，步行而归。

午睡起来时，韩惠沅偕其女四人，刘秉祥携其子来访。遂同游沧浪亭，啜茗于树下，坐约一小时许。乃周行全园，景皆如旧。五百名贤祠不开放，窗上糊以纸，据知石刻皆无损。五点许归。忽至诚到来，其速如此，喜出望外。彼自江阴乘汽车到无锡，然后坐火车而来，遂共晚餐。入夜纵谈稍久。

5月21日，星期三

晨八点后乘汽车到留园，周行全园，亦赏其布局结构。园中盆栽极多，大部为枯株、老根发新枝，衬以山石，乃多趣致。游约一小时有半，乃至刺绣研究所参观。顾文霞方往桂林开会，由一女同志陪我人周行各室。此处与青岛刺绣厂绝不同，青岛全用机器，此处全为手绣，静不闻声。而窗外树林茂密，工作环境亦大异。十一点回旅舍。

午睡起来，余往理发。

至美欲往观乐益女中旧址，于是四人同出步行。先过平直小学，此至诚曾入学之校。至乐益女中旧址，今为专区所属若干局之办公地。于是入公园一观，布置管理皆平常，无甚可取。行至草桥，则为余与至善幼时就读之校。方徘徊于门首，而已有教师来探问，一知为余，则校中负责人遽来招邀，必欲令入内一坐。遂入，坐其办公室中，诸人询余初建校时之情形。今其校大为扩展，最初所建之课堂走廊亦将拆除，改建新屋矣。坐约半小时许而出。

5月22日，星期四

晨八点许，乘汽车到平江路北头，参观刘秉祥主持之工艺美术厂。到达时秉祥已上班，为我人泡茶。观其厂所出之通草画幅，有小品，有巨幅，花卉人物俱有，其画之颇精细。继之乃观其各工作室。石雕则有碑帖与大小立体雕品。出其所藏碑帖数十种相示，中有宋拓本，并有清代书家之题跋。牙雕各品，皆工笔细刻，亦有细刻长篇文字者。仿古铜器部分，观其已成未完成之数件，不识者自不知其为赝品也。此种仿古青铜器须经腐蚀，成一件须历二三年，皆供外销者。有老艺人二位，年皆七十光景。次则观其首饰之部分，镶嵌珠宝，多数为戒指，他则备悬挂之饰品。其厂产品，以此项为大宗也。参观二小时有余，甚感兴味。

乃往游拙政园。自东侧入，周游全园，摄影若干张。随处憩坐，回念幼时游踪。十一点半回旅舍。

至善于凤凰街南口酒店中发见绍酒“竹叶青”，自往沽之，于进餐时饮之。久已不饮此种绍酒矣。据酒店中人言，售此之店无多，知之者亦少。

五点半，苏州市委书记曲文同志来访。同来者有市革委办公室主任与统战部门负责人，二位皆闻其姓名而未听清（后知前者为赵宝康，后者为李崇远）。尚有席培元、张玉熙二位。谈有顷，知前年来参观时，曾与曲文同志晤见。诸位邀我人共晚餐。余以私人旅行，而受款待，彼此均非宜，然其势不可却，则亦随之。菜肴颇丰美，惜余食量小，不能多进。聚餐一小时有余而毕。

曲文同志先去。余四人则陪我人至北局某书场听书。书场有六七百座，全场坐满。节目凡三：弹词两段，系《红色娘子军》与《海港》之改编；评书一段，系《平原作战》之改编。余虽苏人，而听苏州话已觉“陌生”，说唱之语言，余只能悟其一半而已。两者相比，则听说评书似较为清楚。节目三段共二小时，九点过散场，驱车而归，稍疲惫矣。

5月23日，星期五

晨八时乘汽车出城游虎丘。周游各处，偶或摄影。冷香阁与致爽阁皆不开放，专以延纳贵宾。冷香阁之旁新建一茶室，我人乃于此中茗憩。游观约二小时，乃至西园，自罗汉堂穿出，而至池塘亭子之园中。西园之胜，全在池水之宽敞，与夫亭子之雅致。徘徊久之。出园，观大殿之塑像。驱车而归，时为十一点半。

5月24日，星期六

晨八时许出发，往游天平。有毛毛雨，既而即止。车行35分钟而达。枫树参天，满空阴绿，别成境界。履石磴而上，子女扶之，至钵盂泉而憩焉。旧时之见山阁已无有，改建宽阔之新阁，供游客茗憩，据云建于1968年。见山阁为白蚁蛀蚀而坍塌。此间树木，亦多为白蚁所损。云已注射喷洒药剂以制白蚁，当可奏效。此间之枫树，最早者之年龄达四百矣，自是可贵。余独坐啜茗，兄弟三人则稍爬山而上，然后来共坐啜茗。坐约一小时有余，乃下山观池塘曲桥。高义园方修葺，不得入观。观乾隆诗亭。遂驱车而归，到旅舍亦十一点半。

5月25日，星期日

与至善重游网师园，各处皆细细观玩之，赏其设计之匠心。面积究不大，亦不过一小时即已周遍，遂归。

夜间又整理行装，备明早动身。至善往付旅宿费，每人以3元一日计，共付81元（至诚少住一宿）。此亦是“内部价格”也。

5月26日，星期一

晨七点离南林饭店，席培元、张玉熙二位送我人到车站。自上海到合肥之火车以七点半到苏，即登车，谢席、张二位之接待。火车开行四小时到南京，一路晴光田亩，望而爽心。

1977年5月①

5月13日，星期五

九点后离（无锡）旅舍往车站，薛明同志伴我人到苏。火车行不足一小时即到苏，被接至南林宾馆。近又新建一所大楼，可客旅客益多矣。

下午有叶玉奇、罗世杰二位来访，皆吴县文教局之人员，罗系薛明之熟友。商定于16日往角直，17日到光福，如天气不佳，

---

① 5月4日至6月2日，圣陶先生由儿媳满子及孙媳兀真陪护到南京、无锡、苏州、江阴等地旅游。

再为更改。

晚餐时雷阵雨大作，不能回所居之房间，而餐厅中方将放映电影，供外宾观看，遂亦看之，皆新闻简报及工艺美术之片。雨止即归舍，已九点矣。

5月14日，星期六

上午九点半到刺绣研究所，晤顾文霞及徐君。观其各间工作室。缂丝织毛主席词《井冈山》之织工二人正在工作，此项制作因须于6月底送往北京陈设于纪念堂，工人轮班织作，二十四小时不停。

隔壁环秀山庄之假山业已修缮完工，可以攀登，顾徐二位伴我人巡行其间。旧时记忆已模糊，今重温一次，觉此假山确是颇有丘壑，至可赞赏。

研究所有小小花房，其主事者为叶君（叶君字寄深，名菁），年七十三，陈从周曾代渠托余书一篆字联者，此次为初晤。此老玩盆栽五十年，已成夙嗜，所植盆景多可观。次第陈列于待客室，为至为高雅之点缀。参观者到苏，必访刺绣所，外宾尤然。据云今日来观之外宾有十批之多。

下午游留园及西园。留园各处俱到，为兀真指出其花墙与窗槅，乃旧时园林之特别趣致。观月季花坛与大盆景陈列，可谓洋洋大观。西园观大殿与罗汉堂，既而至湖心亭，买烧饼析而投池中，引池鱼吞食。每大鱼上浮，皆大笑乐。虽有小雨，兴致不减。以五点返舍。

有苏州专区文化局之副局长俞暄来访，为至诚与薛明之熟友。偶谈及评弹，俞君言今晚其局适有评弹之小集会。缘5月23日纪念毛主席延安文艺座谈会讲话，全省各县皆派出文艺工作者到南京表演，今夕为几个县之评弹团体向专区领导试演其节目。俞君邀我人往听，而满子本欲听评弹，即欣然应邀。七点一刻到专区之招待所（在天赐庄近旁），已延迟一刻钟，我人一到即开场。听两小时而返旅舍。题目皆切合政治，编撰水平颇平常，唱技则女声特难听。女唱拼命提高，念字绝大部分不准，调子亦时有别扭。若非映出字幕，听众皆将不知所云，虽是苏州人亦莫能明晓也。

5月15日，星期日

（上午）十点后，费在山自湖州来相会，缘已见照片，一望即知。彼携来代余托人所刻之印章，赠余狼毫一支，酥糖两包。共午餐，彼去暂居亲戚家。午后三点游拙政园，费在山来共游。自东侧至于西侧，游之几遍。兀真拍照多帧，余与费合影较多。五点回寓，约费明日同往角直。

外事处之马处长及相识已十余年之朱中浩（主持旅行社接待外宾工作）来谈，马两次来而未遇，深为抱歉。既而罗世杰来谈，安排明日往角直，极为周到。夜八点许则有刺绣所治盆景之叶君来谈，欲赠余小盆景，婉却之。欲托余题册页，只得允之。彼后夜将再来。游园步行已疲，又复与人谈话，益增其疲。

5月16日，星期一

由吴县供应一小汽轮，泊于南门，晨将八点启轮往角直。我等四人外又有薛明、费在山，陪同者文教局李翊华局长及罗世杰、叶玉奇，李局长女性，五十余岁。

宝带桥、黄天荡、金鸡湖、吴淞江，旧时惯经之水程，仿佛记之。蟹簖渔舍，亦依然如昔。驶行不足三小时而抵角直，于公社所在地登岸，其址为沈柏寒之居及邻家叶姓之屋。闻柏寒当时自己设计修造之所谓“小洋房”尚在，但未往观，径至保圣寺。

镇上人聚观来客，桥头街上拥挤。

保圣寺天王殿重建，陈吴县出土文物。陈列罗汉之堂在其后，不作佛殿形式，云是江小鹣所设计。罗汉本在两旁，今居正中。观玩形相姿态，恍如旧交。由镇上备饭，菜殊丰美。食前后照相屡屡，有四个红小兵，由校长嘱彼辈与余合影。

当时之学生来恳切招呼者，有许杰、殷之盘、宋志诚、黄甫仲 ×，又有叶德美以卧病致书相候，尚有漏记其姓名者。此辈皆七十以上人，惟一人为六十八岁。舟将返航，镇之领导人及旧时学生皆殷勤送至埠头，或登轮小坐，其情可深感。

回到寓所，时为五点半。今日颇疲，而意兴至好。

5月17日，星期三

上午到光福，仍是李局长与罗、叶二位陪同。车驶一小时而抵司徒庙。观四古柏，在树下照相屡屡。柏上有小蜘蛛为害，今定每月洒药一次以除之。据云东南两侧各拓宽八米已定局，共七分地。拓宽之后，可从东南两边观四柏之全貌，照相亦可全照，自当较胜。

于是至香雪海。余未攀登，他人皆上至新建之亭，以快远眺。眺览毕，入光福镇，于其饭店午餐。菜肴极丰，鱼有三味。食毕，即驱车回城，抵寓为一点半。

小睡起来，偕满子、兀真、薛明游网师园。于各处憩坐，亦照相若干幅。

午后与刘秉祥通电话，告以我人来苏。夜七点后，韩惠沅与秉祥夫妇，另一婿，另一女来访。而刺绣所叶君亦来，交册页嘱题字。杂谈种种，至九点一刻客乃去。今日又稍疲矣。

5月18日，星期六

上午满子、至诚、薛明往游东山，主要看紫金庵与果树林，由罗世杰陪去。余未往，出至凤凰街理发，回来写信两封，寄至善与平伯。

午餐嘱服务员备鲥鱼，尚新鲜。

夜间惠沅偕其妻与幼女同来，闲谈一小时有余，馈醇香酒两瓶麻糕两包。

5月19日，星期五

今日四人分道。满子、兀真于十一点许乘车往上海，托罗世杰伴送到车站。余与至诚、薛明到江阴，江阴派来之车八点半后到，我人先满子、兀真离旅舍。

图书在版编目（CIP）数据

家住苏州 / 叶圣陶著 ；商金林编 ．—上海 ：上海三联书店，2021.10（2025.8重印）
（大家讲述）
ISBN 978-7-5426-7462-3

Ⅰ．①家… Ⅱ．①叶… ②商… Ⅲ．①中国文学 – 当代文学 – 作品综合集 Ⅳ．① I217.2

中国版本图书馆 CIP 数据核字（2021）第 123767 号

家住苏州

著　　者 / 叶圣陶
编　　者 / 商金林
责任编辑 / 程　力
特约编辑 / 唐　棣
装帧设计 / 鹏飞艺术　周　丹
监　　制 / 姚　军
出版发行 / 上海三联书店
（200030）中国上海市漕溪北路 331 号 A 座 6 楼
邮购电话 / 021-22895540
印　　刷 / 北京天恒嘉业印刷有限公司
版　　次 / 2021 年 10 月第 1 版
印　　次 / 2025 年 8 月第 3 次印刷
开　　本 / 640 × 960　1/16
字　　数 / 132 千字
印　　张 / 18.5

ISBN 978-7-5426-7462-3/I · 1707

定　价：49.80元